Cure seu corpo

LOUISE L. HAY

Cure seu corpo

As causas mentais dos males físicos e o modo metafísico de combatê-los

Tradução
Evelyn Kay Massaro

50ª EDIÇÃO

BestSeller
Rio de Janeiro | 2025

CIP-Brasil. Catalogação-na-fonte
Sindicato Nacional dos Editores de Livros, RJ

Hay, Louise L., 1926-
H328c Cure seu corpo: as causas mentais dos males físicos e o modo metafísico de
50ª ed. combatê-los / Louise L. Hay; tradução: Evelyn Kay Massaro. – 50ª ed. – Rio de Janeiro: BestSeller, 2025.

Tradução de: Heal your body
ISBN 978-85-7684-432-7

1. Cura pela mente. 2. Terapia sugestiva. I. Título.

CDD – 158.1
04-3367 CDU – 159.962.7

Título original norte-americano
HEAL YOUR BODY

Publicado originalmente nos Estados Unidos por
Hay House, Inc., Santa Monica, CA.

Impresso no Brasil

ISBN 978-85-7684-432-7

DEDICATÓRIA

Há muito tempo acredito nas seguintes afirmações: "Tudo o que é preciso saber me é revelado", "Tudo o que necessito vem a mim e "Tudo está bem em meu mundo". Não existem novos conhecimentos, tudo é antiqüíssimo e infinito. É para mim motivo de alegria e prazer reunir a sabedoria e o conhecimento em benefício dos que estão no caminho da cura. Dedico meu trabalho a todos os que me ensinaram o que sei: meus clientes, colegas na área da metafísica, mestres e a Divina e Infinita Inteligência, que me usou como canal para transmitir o que outros precisam saber.

AGRADECIMENTOS

Desejo agradecer ao dr. Robert Lang, professor assistente de medicina da Universidade de Yale, a Pete Grim e René Espy, que repartiram suas idéias e sabedoria comigo.

AGRADECIMENTOS

INTRODUÇÃO

Nesta edição recém-revisada, quero lhe expor um dos motivos que me fazem *saber* que as doenças podem ser vencidas com a simples troca de padrões mentais.

Anos atrás recebi um diagnóstico de câncer vaginal. Devido ao meu passado, que inclui um estupro aos cinco anos de idade e uma infância cheia de maus-tratos, não foi surpresa eu manifestar a terrível doença nessa parte do corpo. Como já era instrutora de cura mental há vários anos, tomei consciência de que me estava sendo dada a oportunidade de praticar e provar a verdade dos meus ensinamentos. Como qualquer um que fica sabendo que está com câncer, de início entrei em pânico absoluto, mas logo ele foi substituído pela convicção de que o processo de cura mental funcionava. Consciente de que o câncer é provocado por um profundo ressentimento, guardado por um longo tempo até ele praticamente começar a comer o corpo, eu soube que teria muito trabalho mental pela frente. Percebi que, se me submetesse a uma operação para me livrar da doença sem eliminar o padrão mental que a estava causando, o câncer voltaria. Quando esta ou qualquer outra doença reaparece, não é porque os médicos não "tiraram tudo", mas sim porque o paciente não modificou seu modo de pensar e continua recriando o mesmo mal. Também sabia que, se fosse capaz de eliminar por completo o modelo mental que criara a condição chamada "câncer", eu nem precisaria de ajuda profissional. Portanto, barganhei por mais tempo. Meu médico, a contragosto, me concedeu três meses, deixando bem claro que eu estava pondo a vida em perigo pela demora.

Imediatamente comecei a trabalhar com meu instrutor para eliminar velhos padrões de ressentimento. Até aquela época eu desconhecia que guardava dentro de mim um profundo rancor. Como somos cegos aos nossos modelos mentais! Seria preciso um longo exercício de perdão. Outra coisa que fiz foi consultar um nutricionista para desintoxicar completamente meu organismo. Assim, cuidando da limpeza mental e física, em seis meses consegui mostrar aos médicos o que eu já sabia: eu não apresentava mais nenhum tipo de câncer. Ainda guardo o resultado dos primeiros exames, que deram positivo, para me recordar o quanto pude ser negativamente criativa.

Hoje, quando um cliente me procura, por mais terríveis que possam ser seus males, *sei* que, se ele estiver *disposto* a fazer o trabalho mental de modificar os velhos padrões e perdoar, praticamente qualquer mal pode ser curado. A palavra "incurável", tão assustadora para muitos, na verdade quer dizer apenas que determinada doença não pode ser curada por métodos "externos" e que precisamos nos *interiorizar* para efetuar a cura. A "condição" anormal que aparentemente veio do nada voltará para o nada.

PREFÁCIO

Quando escrevi a primeira versão do livro *Cure Seu Corpo*, nunca imaginei que hoje estaria fazendo um prefácio para a sua quarta edição, revista e ampliada[1]. O "livrinho azul", como é carinhosamente denominado pelos meus leitores, tornou-se uma obra indispensável para um grande número de pessoas. Ao longo dos anos vendi centenas de milhares de exemplares, algo que estava muito além de minha visão naqueles primeiros tempos. *Cure Seu Corpo* me abriu incontáveis portas e trouxe-me amigos de todos os lugares do mundo. Sempre que viajo, fico conhecendo pessoas que me mostram seus livrinhos bem manuseados, os quais trazem sempre consigo, no bolso ou na bolsa.

Este livrinho não "cura" ninguém, mas desperta em seu interior a capacidade de contribuir para seu próprio processo de cura. Para nos tornarmos íntegros e saudáveis, temos de equilibrar mente, corpo e espírito. Precisamos cuidar bem de nosso corpo, precisamos ter uma atitude mental positiva em relação a nós mesmos e à nossa vida, e precisamos de uma forte ligação espiritual. Quando estas três necessidades estão supridas, encontramos alegria na vida. Nenhum médico, nenhum terapeuta pode nos dar essa harmonia, a não ser que escolhamos participar de nosso próprio processo de cura.

Nesta edição, você encontrará muitos acréscimos, em relação às anteriores, incluindo notas remissivas que completam as informações. Sugiro que faça uma lista de todas as enfermidades e dores

---

1 *Cure Seu Corpo* foi publicado originalmente em 1976, nos Estados Unidos, sob o título de *What Hurts*. A partir daí, já com o título definitivo de *Heal Your Body*, teve mais três edições, em 1982, 1984, 1988. Nesta última versão, havia chegado à 24ª reimpressão, em março de 1993. (N. do E.)

que já teve, e em seguida procure suas respectivas causas mentais, chegando assim a um padrão que lhe ensinará muito sobre si mesmo. Depois escolha algumas afirmações e repita-as constantemente ao longo de um mês. Esta prática o ajudará a superar velhos modelos de comportamento que vinha adotando há muito tempo.

Louise L. Hay

Santa Monica, CA
1° de fevereiro de 1988

O PONTO DO PODER ESTÁ NO MOMENTO PRESENTE

Bem agora e bem aqui em nossa mente. Não importa há quanto tempo temos padrões negativos de pensamento, uma enfermidade ou um péssimo relacionamento, há quanto tempo sentimos falta de dinheiro ou raiva de nós mesmos, podemos começar a mudar tudo isso hoje mesmo. Os pensamentos que tivemos e as palavras que empregamos constantemente criaram nossa vida e as experiências que adquirimos até este instante. Eles, porém, são coisas do passado. O que estamos escolhendo para pensar e dizer hoje, neste exato momento, criará o amanhã e o dia seguinte, depois a semana seguinte, o mês seguinte, o ano seguinte etc. O ponto do poder está sempre no momento presente e é nele que começamos a fazer mudanças. Que grande alívio! Podemos começar a nos livrar das velhas bobagens. Agora mesmo. O mais ínfimo dos começos provocará uma mudança.

Quando você nasceu, era pura alegria e amor. Enquanto era bebezinho, tinha consciência de sua importância e sentia-se o centro do universo. Possuía tanta coragem, pedia tudo o que queria e expressava abertamente seus sentimentos. Você se amava por completo, amava cada parte do corpo, inclusive suas fezes. Você sabia que era perfeito. Essa é a verdade de sua existência. Todo o resto é bobagem aprendida que pode ser desaprendida.

Quantas vezes já dissemos: "Eu sou assim mesmo" ou "As coisas são assim mesmo"? Na realidade, o que estivemos dizendo é que "acreditamos nisso como verdade para nós". Em geral, as coisas em que acreditamos não passam de opiniões de outras pessoas, que aceitamos e fomos incorporando às nossas crenças, às quais vamos acrescentando outras idéias que se ajustam a elas. Por exemplo, se quando éramos pequenos nos ensinaram que o mundo é um lugar assustador, nós aceitamos como verdade tudo o que ouvimos e que se ajuste a esse modelo mental. "Não confie em estranhos", "Não saia sozinho à noite". "Os outros só querem tirar vantagem". Por outro lado, se nos ensinaram que o mundo é um lugar seguro e alegre, acreditamos em outras coisas, como: "O amor está em toda parte", "Os outros são gentis", "É fácil ganhar dinheiro", e assim por diante. Nossas experiências de vida espelham nossas crenças.

Raramente nos damos ao trabalho de parar e questionar nossas crenças. Eu, por exemplo, poderia me perguntar "Por que acredito que é difícil para mim aprender coisas novas? Isso é mesmo verdade? E verdade para mim agora? De onde vem essa crença? Será que acredito nisso apenas porque uma professora do primário vivia repetindo essa afirmação? Eu viveria melhor se abandonasse essa crença?"

Pare um instante e analise seus pensamentos. Em que está pensando neste exato momento? Se os pensamentos moldam sua vida e suas experiências, você quer que o pensamento que lhe ocorreu agora se torne verdade para você? Se for um pensamento cheio de preocupação, raiva, mágoa ou vingança, quer vê-lo refletido em sua vida? Tudo o que enviamos para fora de nós, tanto mental quando verbalmente, voltará para nós de forma semelhante.

Reserve um pouco de tempo para prestar atenção às coisas que diz. Se notar que repetiu três vezes uma frase, escreva-a, pois ela se tornou um modelo mental. No final de uma semana, leia a lista que elaborou e então verá como suas palavras se ajustam a suas experiências. Decida-se a mudar seu modo de falar e pensar, e veja sua vida mudar por completo. Para conseguir controlar sua vida é preciso controlar sua escolha de palavras e pensamentos. E ninguém, senão você, é dono de sua mente.

EQUIVALENTES MENTAIS:

Os Padrões Mentais Que Moldam Nossas Experiências

Tanto as coisas boas como as ruins de nossa vida são o resultado de padrões mentais que moldam nossas experiências. Todos temos muitos modelos de pensamentos que produzem experiências boas e positivas, e esses nos dão prazer. São os padrões de pensamentos negativos os responsáveis pelo desconforto, pelas experiências ruins que nos interessam agora. Queremos eliminar o mal de nossa vida para atingir a saúde perfeita.

Já está mais que demonstrado que, para cada resultado que obtemos, existe um modelo mental que o precede e mantém. Portanto, modificando os padrões de pensamentos, podemos mudar nossas experiências.

Você nem consegue imaginar a alegria que senti quando cheguei pela primeira vez às palavras *causas metafísicas*. Elas descrevem o poder de as palavras e pensamentos criarem experiências. Esse novo conhecimento me levou a compreender a ligação entre pensamentos, partes do corpo e problemas físicos. Entendi que, sem saber, eu criara males em mim mesma e prejudicara minha vida. Foi uma descoberta extraordinária! A partir de então, eu podia parar de culpar a vida e os outros pelo que acontecia de errado em meu organismo e em minha existência, podia assumir total responsabilidade por minha própria saúde. Sem me recriminar, sem sentimentos de culpa, fui aprendendo a evitar a criação de padrões de pensamentos que poderiam me causar males no futuro.

Por exemplo, eu não conseguia entender por que era tão comum eu estar com torcicolo ou outros problemas relacionados com a musculatura do pescoço. Então descobri que o pescoço representa a flexibilidade, a capacidade de ver todos os lados de uma questão. Até então, eu fora uma pessoa muito inflexível, apegando-me teimosamente às minhas idéias, por medo de "abrir a guarda". Todavia, à medida que fui me tornando mais flexível e compreensiva, aceitando amorosamente o ponto de vista de um semelhante, meu pescoço parou de me perturbar. Hoje, se sinto o início de uma rigidez, procuro descobrir qual é a postura mental rígida que a está causando.

SUBSTITUINDO OS MODELOS ANTIGOS

Para eliminar uma condição ruim de maneira definitiva, devemos primeiro trabalhar para dissolver sua causa mental. Todavia, como na maior parte das vezes não temos idéia da causa, fica difícil sabermos por onde começar. Portanto, se você estiver pensando: "Se ao menos eu soubesse o que está causando este sofrimento", espero que este livrinho ajude você a encontrar tanto uma pista das causas como a orientação para elaborar novos padrões de pensamentos que produzirão a saúde física e mental.

Aprendi que para cada condição existente em nossa vida há uma *necessidade* que a enseja, porque, de outra forma, não a teríamos. O sintoma é apenas um efeito externo. Precisamos mergulhar em nosso íntimo para dissolver a causa mental, e é por isso que força de vontade e disciplina não funcionam, já que combatem apenas o efeito externo. Seria como cortar a erva daninha em vez de arrancá-la pela raiz. Assim, antes de começar a fazer as afirmações dos Novos Padrões de Pensamentos, trabalhe na *disposição de livrar-se da necessidade* de cigarros, dor de cabeça, excesso de gordura, ou qualquer outra condição. Quando essa necessidade desaparecer, o efeito externo também desaparecerá, pois nenhuma planta consegue viver se sua raiz foi arrancada.

Os modelos mentais que mais causam males ao corpo são *crítica, raiva, ressentimento* e *culpa*. Por exemplo, com o passar dos anos, o hábito de criticar tudo resultará em doenças como a artrite. A raiva se traduz em erupções e infecções. O ressentimento guardado por muito tempo arruína e destrói o Eu interior e acaba por dar origem a tumores e câncer. A culpa sempre procura castigo e leva ao sofrimento. É muito mais fácil eliminar esses padrões de pensamento negativos de nossa mente enquanto estamos saudáveis do que tentar desenraizá-los num momento de pânico, sob a ameaça do bisturi do cirurgião.

A lista de equivalentes mentais que se segue foi compilada ao longo de muitos anos de estudo, de palestras e *workshops*, e de trabalho com clientes particulares. Ela será útil como um guia de fácil consulta para descobrir os prováveis modelos mentais por trás de seus males. Ofereço-a com amor e o desejo de compartilhar este método simples para ajudar você a curar seu corpo.

AFIRMAÇÕES DE CURA

Problema	Causa Provável	Novo Padrão de Pensamento
Aborto *(espontâneo)*	Medo. Medo do futuro. "Não agora... mais tarde." Hora errada.	*A correta Ação Divina está sempre acontecendo em minha vida. Eu me aceito como sou, eu gosto de mim.*
Abscesso	Tendência a alimentar pensamentos relacionados com mágoas, rancor e vingança.	*Deixo meus pensamentos se libertarem. O passado acabou. Estou em paz.*
Acessos	Fuga da família, de si mesmo ou da vida.	*Estou à vontade dentro do universo. Sinto-me protegido e compreendido.*
Acidentes	Incapacidade de defender-se. Revolta contra autoridade. Crença na violência.	*Liberto de dentro de mim o padrão que causou isto. Estou em paz. Tenho valor.*
Acidente vascular v. Derrame		
Acne v. também Pele	Não se aceita. Não gosta de si mesmo.	
Addison, mal de v. também Supra-renais, glândulas	Grave enfraquecimento emocional. Não gosta de si mesmo.	*Com todo amor, cuido do meu corpo, de minha mente e de minhas emoções.*

Problema	Causa Provável	Novo Padrão de Pensamento
Adenóides	Atritos em família, discussões. A criança não se sente bem-vinda, acha que atrapalha.	*Esta criança é bem-vinda, querida, profundamente amada.*
Aids	Sente-se indefeso e desesperançado. "Ninguém se importa comigo." Forte crença em que não é bom o bastante. Negação do eu. Culpa sexual.	*Sou parte do universo. Sou importante e amado pela vida. Sou poderoso e capaz. Eu me amo e me aprovo por inteiro.*
Alcoolismo	Sensação de futilidade, culpa, inadequação. Auto-rejeição. "De que adianta?"	*Vivo no agora. Cada momento é novo. Eu tenho valor. Amo a mim mesmo e me aprovo.*
Alergia v. também Rinite alérgica	A quem você é alérgico? Negação do próprio poder.	*O mundo é seguro e fraterno. Estou em segurança. Estou em paz com a vida.*
Alergia de contato	Sente-se indefeso e vulnerável a ataques.	*Sou poderoso, seguro e protegido. Tudo está bem.*
Alzheimer, mal de	Recusa-se a lidar com o mundo como ele é. Indefeso e desesperançado. Raiva.	*Sempre existe um modo novo e melhor de viver a vida. Eu perdôo e liberto o passado. Avanço com alegria.*

Problema	Causa Provável	Novo Padrão de Pensamento
Amigdalite v. também Garganta	Medo. Emoções reprimidas. Criatividade sufocada.	*O bem agora flui livremente em mim. Idéias Divinas se expressam por meu intermédio. Estou em paz.*
Amenorréia v. Femininos, males; Menstruação, distúrbios da		
Amnésia	Medo. Fugindo da vida. Incapacidade de lutar a seu próprio favor.	*A inteligência, a coragem e a autovalorização estão sempre presentes. É seguro estar vivo.*
Anemia v. Sangue		
Anorexia	Negação da vida interior. Medo extremo, ódio de si mesmo e auto-rejeição.	*É seguro ser eu mesmo. Sou maravilhoso. Quero viver. Quero ser alegre e ser como sou.*
Ansiedade	Não confia no fluxo e no processo da vida.	*Eu me amo, gosto de meu jeito de ser e confio no processo da vida. Estou protegido.*

Problema	Causa Provável	Novo Padrão de Pensamento
Antraz v. também Furúnculo	Raiva perniciosa devido a injustiças pessoais.	*Eu liberto o passado e permito que o tempo cure todos os males.*
Ânus v. também Hemorróidas	Ponto de liberação. Local de descarga.	*Eu facilmente me livro daquilo de que não preciso mais.*
— Sangramento	Raiva e frustração.	*Eu confio no processo da vida. Na minha vida só há lugar para ações boas e corretas.*
— Abscesso	Raiva em relação a algo de que não quer se separar.	*É seguro deixar ir. Só aquilo de que não mais preciso sai de meu corpo.*
— Coceira (prurido)	Culpa em relação ao passado. Desejo de punição. Remorso.	*Amorosamente eu me perdôo. Sou livre.*
— Dor	Culpa, desejo de punição. Não se sente bom o bastante.	*O passado acabou. Hoje eu vivo com amor e me aceito como sou agora.*
— Fístula	Desprendimento incompleto do lixo. Agarra-se ao lixo do passado.	*É com amor que liberto totalmente o passado. Sou livre. Sou amor.*

Problema	Causa Provável	Novo Padrão de Pensamento
Apatia	Resistência aos sentimentos. Amortecimento do medo.	*É seguro sentir. Eu me abro para a vida. Quero viver a vida plenamente.*
Aparelho genital	Representa o princípio masculino ou feminino.	*É seguro ser quem sou.*
— Problemas	Preocupação em não ser bom o bastante.	*Alegro-me com minha própria expressão da vida. Sou perfeito assim como sou. Eu me amo e aprovo meu jeito de ser.*
Apendicite	Medo. Medo da vida. Bloqueio do fluxo do bem.	*Estou em segurança. Relaxo e deixo a vida fluir livremente.*
Aperto na garganta	Medo. Falta de confiança no processo da vida.	*Estou em segurança. Sei que a vida está aqui para mim. Expresso-me com liberdade e amor.*
Apetite		
— Excesso	Medo. Necessidade de proteção. Desconfiança das próprias emoções.	*Estou protegido. É seguro sentir. Meus sentimentos são normais e aceitáveis.*

Problema	Causa Provável	Novo Padrão de Pensamento
— Falta	Medo. Proteção de si mesmo. Falta de confiança na vida.	*Eu me amo e aprovo meu jeito de ser. Sinto-me protegido. A vida é segura e alegre.*
Arranhões	Sente que a vida o rasga. Acha a vida cruel.	*Sou grato pela generosidade da vida comigo. Sou abençoado.*
Arrepios	Retrai-se para dentro de si mesmo. Desejo de recuar. "Deixe-me em paz."	*Estou seguro e protegido sempre. O amor me cerca e me protege. Tudo está bem.*
Arrotos	Medo. Vive a vida com pressa excessiva.	*Existe tempo e espaço para tudo o que preciso. Tudo está bem.*
Artelhos v. Pés		
Artérias	Transportam a alegria da vida.	*Estou pleno de alegria. Ela flui dentro de mim a cada batida de meu coração.*
Arteriosclerose	Resistência. Tensão. Grande estreiteza mental. Recusa em ver o bem.	*Estou completamente aberto à vida e à alegria. Escolho viver com amor.*

Problema	Causa Provável	Novo Padrão de Pensamento
Articulações v. também Artrite, Cotovelos, Joelhos, Ombros	Representa dificuldade em aceitar mudança na direção da vida.	*Adapto-me facilmente às mudanças. Minha vida é divinamente guiada e estou sempre indo na melhor direção.*
Artrite	Não se sente amado. Crítica, ressentimento.	*Eu sou amor. Agora escolho me amar e gosto do meu jeito de ser. Vejo os outros com amor.*
— Nos dedos	Desejo de punir. Culpa. Sente-se vítima.	*Sou guiado pelo amor e pela compreensão. Conduzo minha vida à luz do amor.*
Artrite reumatóide	Profunda crítica à autoridade. Sente-se muito oprimido.	*Sou minha própria autoridade. Eu me amo e aprovo meu jeito de ser. A vida é boa.*
Asfixia, ataques v. também Respiração, Hiperventilação	Medo. Não confia no processo da vida. Preso à infância.	*É seguro crescer. O mundo é seguro. Estou protegido.*

Problema	Causa Provável	Novo Padrão de Pensamento
Asma	Amor que sufoca. Incapacidade de agir por si. Sente-se oprimido. Choro contido.	*Eu quero e é seguro assumir o controle de minha própria vida. Escolho ser livre.*
— Em bebês e crianças	Medo da vida. Não quer estar aqui.	*Esta criança é amada e está em segurança. Esta criança é querida e bem-vinda.*
Ataque cardíaco v. Coração.		
Azia v. também Úlcera péptica; Estômago, problemas; Úlcera	Medo. Medo. Medo. Medo que oprime.	*Respiro livre e plenamente. Estou em segurança. Confio no processo da vida.*
Baço	Obsessão. Obcecado pelas coisas.	*Eu me amo e aprovo meu jeito de ser. Sei que o processo da vida está sempre a meu favor. Sinto-me protegido. Tudo está bem.*
Bexiga		
— Problemas	Ansiedade. Ligação a velhas idéias. Medo de abandonar antigos condicionamentos.	*Fácil e tranqüilamente, eu me desfaço do que é velho e dou as boas-vindas ao novo. Estou em segurança.*

Problema	Causa Provável	Novo Padrão de Pensamento
Bolhas	Resistência. Falta de proteção emocional.	*Adapto-me suavemente à vida e às novas experiências. Tudo está bem.*
Boca	Representa a absorção de novas idéias e nutrição.	*Eu me alimento de amor.*
— Problemas	Opiniões inabaláveis. Mente fechada, incapaz de aceitar novas idéias.	*Dou as boas-vindas a novas idéias e novos conceitos. Eu me preparo para digerir e assimilar o que é novo.*
Bócio v. Tireóide		
Boqueira v. Herpes labial		
Braços	Representam a capacidade e a habilidade de abraçar as experiências da vida.	*Eu abraço minhas experiências com carinho, facilidade e alegria.*
Bright, mal de v. também Nefrite	Sente-se como uma criança que não consegue fazer as coisas certas e não é boa o bastante. Um fracasso.	*Eu me amo e gosto do meu jeito de ser. Cuido de mim. Sou capaz de enfrentar qualquer situação da melhor forma possível.*

Problema	Causa Provável	Novo Padrão de Pensamento
Bronquite v. Doenças respiratórias		
Bulimia	Terror sem fim. Um impulso frenético de se atacar e de se defender do próprio ódio.	*Sou amado, nutrido e amparado pela própria vida. É bom e seguro estar vivo.*
Bursite v. também Articulações	Raiva reprimida. Desejo de agredir alguém.	*O amor faz bem e me liberta de tudo o que é diferente dele.*
Cabelos brancos	Estresse. Deixar-se influenciar por pressão e tensão.	*Sinto-me em paz e em harmonia com tudo em minha vida. Sou forte e capaz.*
Cãibras	Tensão. Medo. Buscar desesperadamente um apoio.	*Eu relaxo e deixo minha mente ficar em paz.*
Cãibras abdominais	Medo interrompendo o processo da vida.	*Confio no processo da vida. Sou livre para agir.*
Cálculos biliares v. Fígado		
Cálculos renais v. Rins		

Problema	Causa Provável	Novo Padrão de Pensamento
Calos v. Pés		
Calosidades	Idéias e conceitos arraigados. Medo cristalizado.	*É bom e seguro experimentar novas idéias e maneiras de de agir. Estou aberto e receptivo para o bem.*
Calvície	Medo. Tensão. Vontade de controlar tudo. Não confia no processo da vida.	*Estou em segurança. Eu me amo e me aprovo como sou. Confio na vida.*
Canal dentário v. Dentes		
Câncer	Mágoa profunda. Ressentimento persistente. Segredo ou mágoa corroendo o íntimo. Carrega ódios.	*Com todo amor eu perdôo e liberto de mim todo o passado. Escolho encher minha vida de alegria. Eu me amo e aprovo meu jeito de ser.*
Candidíase (*sapinho*)	Sente-se disperso. Tem muita raiva e frustração. Exigente, desconfiado.	*Permito-me ser tudo o que posso. Mereço o melhor da vida. Amo e aprecio a mim mesmo e aos outros.*

Problema	Causa Provável	Novo Padrão de Pensamento
Cancro Mole	Palavras amargas contidas. Forte desejo de expressar uma acusação.	*Meu mundo é maravilhoso, repleto de experiências felizes.*
Caroços v. Nódulos		
Catarata v. Olhos		
Celulite	Raiva e autopunição.	*Perdôo os outros. Perdôo a mim mesmo. Estou livre para amar e gozar a vida.*
Cérebro	Representa o computador, a cabine de comando.	*Sou o amoroso operador de minha mente.*
— Tumor	Crenças enganosas assimiladas. Teimosia. Recusa em mudar velhos padrões.	*É fácil para mim reprogramar os dados guardados em minha mente. A vida é uma constante mudança e minha mente se renova sempre.*
Choro	Lágrimas são o rio da vida, derramadas tanto na alegria como no sofrimento e no medo.	*Estou me paz com todas as minhas emoções. Eu me amo e aprovo meu jeito de ser.*

Problema	Causa Provável	Novo Padrão de Pensamento
Ciática	Comportamento hipócrita. Medo do dinheiro e do futuro.	*Progrido na direção do meu maior bem. O bem me cerca, sou seguro e estou protegido.*
Circulação	Dificuldade na capacidade de sentir e expressar positivamente as emoções.	*Sou livre para deixar circular o amor e a alegria por toda a extensão de meu mundo. Amo a vida.*
Cistite v. Bexiga		
Coceira	Desejo de ir contra o estabelecido. Insatisfação. Remorso. Vontade de sair e fugir.	*Sinto-me em paz aqui mesmo onde estou. Aceito o que é bom para mim, sabendo que todas minhas necessidades e desejos serão atendidos.*
Colapso nervoso	Egocentrismo. Está embaralhando os canais de comunicação.	*Abro meu coração e faço apenas comunicações amorosas. Estou bem. Estou protegido.*

Problema	Causa Provável	Novo Padrão de Pensamento
Colesterol excesso (*Aterosclerose*)	Tendência de sufocar os momentos de alegria. Medo de aceitar a alegria.	*Escolho amar a vida. Deixei as janelas de minha alma bem abertas para receber todas as alegrias. É seguro receber.*
Cólicas infantis	Impaciência. Irritação com o ambiente.	*Esta criança reage apenas ao amor e a pensamentos amorosos. Existe paz entre nós.*
Colite v. também Intestinos	Insegurança. Dificuldade em se desapegar de algo que já acabou.	*Sou parte do perfeito ritmo e fluxo da vida. Tudo está acontecendo na Divina Ordem, que é sempre certa.*
Colite espasmódica v. também Intestinos	Medo de se soltar. Insegurança.	*É seguro para mim viver. A vida sempre me dará tudo de que preciso. Tudo está bem.*
Cólon	Representa a descarga dos dejetos.	*É fácil me desfazer do que não preciso.*
— Problemas	Medo de se desapegar do velho e obsoleto.	*Facilmente me liberto do que é velho para receber o novo com grande alegria.*

Problema	Causa Provável	Novo Padrão de Pensamento
— Mucoso	Antigos e confusos pensamentos atrapalhando o processo de eliminação. Atolando-se na lama do passado.	*Dissolvo e liberto o passado. Penso com toda a clareza. Vivo o presente com paz e alegria.*
Coluna vertebral v. também Desalinhamento da coluna (anexo especial, adiante)	O suporte flexível da vida.	*Sou escorado pela vida.*
— Desvios (escoliose, lordose etc.)	Incapacidade de se adaptar ao fluxo da vida. Medo. Desejo de se agarrar a idéias antigas. Falta de confiança, de integridade, ou de coragem de apostar nas próprias convicções.	*Liberto todos os medos. Agora confio no processo da vida. Sei que a vida me ampara. Mantenho-me firme e em sintonia com o amor.*
— Hérnia de disco	Sente-se totalmente desamparado pela vida. Indeciso.	*A vida ampara todos os meus pensamentos. Portanto, eu me amo e aprovo o meu jeito de ser, e tudo está bem comigo.*

Problema	Causa Provável	Novo Padrão de Pensamento
Coma	Está fugindo de alguma coisa ou de alguém.	*Nós o cercamos de segurança e amor. Criamos um espaço onde você irá se curar. Você é amado.*
Conjuntivite v. Olhos		
Contusões v. Ferimentos		
Coração	Representa o centro do amor e da segurança.	*Meu coração bate no ritmo do amor.*
— Distúrbios	Problemas emocionais persistentes. Falta de alegria. Endurecimento do coração.	*Alegria. Alegria. Alegria. Amorosamente permito que a alegria preencha minha mente, meu corpo e minha vida.*
— Infarto do miocárdio	Está varrendo toda a alegria do coração por causa de dinheiro ou posição.	*Trago a alegria de volta para o centro de meu coração. Expresso o meu amor em tudo e com todos.*

Problema	Causa Provável	Novo Padrão de Pensamento
— Trombose coronária	Sente-se só e assustado. "Não sou bom o bastante. Não consigo dar conta de tudo. Jamais serei capaz."	*Estou em sintonia com a vida. O universo me ampara totalmente. Tudo está bem.*
Corrimento pós-nasal v. Nariz		
Cortes v. também Machucados, Ferimentos	Pune-se por não seguir as próprias regras.	*Minha vida é repleta de recompensas.*
Costas v. Desalinhamento da coluna (anexo especial, adiante)		
Cotovelos v. também Articulações	Representa mudança de direção e abertura para aceitar novas experiências.	*Adapto-me facilmente às mudanças, às novas experiências.*
Cravos v. Pele		
Cushing, mal de v. também Glândulas supra-renais, problemas	Desequilíbrio mental. A mente produz obsessivamente idéias desesperadoras. Sensação de derrota.	*Com muito amor, atinjo o perfeito equilíbrio entre meu corpo e minha mente. Agora tenho pensamentos que me fazem sentir bem.*

Problema	Causa Provável	Novo Padrão de Pensamento
Dedos	Representam os detalhes da vida.	*Encontro paz em cada detalhe da vida.*
— Polegar	Representa o intelecto e a preocupação.	*Minha mente está em paz.*
— Indicador	Representa o ego e o medo.	*Estou em segurança.*
— Médio	Representa a raiva e a sexualidade.	*Sinto-me à vontade com minha sexualidade.*
— Anular	Representa as uniões e o pesar.	*Meu amor traz a paz.*
— Mínimo	Representa a família e o fingimento.	*Sou eu mesmo e faço parte do processo da vida.*
Defeitos de nascença	Carma. Você escolheu vir assim. Escolhemos nossos pais e nossos filhos. Situações inacabadas.	*Cada experiência é perfeita para nosso processo de crescimento interior. Aceito pacificamente o meu grau de evolução.*
Demência v. Mal de Alzheimer, Senilidade		

Problema	Causa Provável	Novo Padrão de Pensamento
Dentes	Representam as decisões	
— Problemas	Indecisão permanente. Incapacidade de analisar as idéias e tomar decisões.	*Tomo minhas decisões com base nos princípios da verdade. Estou tranqüilo porque sei que a correta Ação Divina está sempre acontecendo em minha vida.*
— Canal	Não consegue mais se prender a nada. Crenças enraizadas estão sendo destruídas.	*Crio bases sólidas para mim e minha vida. Escolho crenças que me dão apoio moral e felicidade.*
— Siso incluso	Não tem vontade de criar bases firmes.	*Abro minha consciência à expansão da vida. Existe tempo de sobra para eu mudar e evoluir.*
Depressão	Raiva que não se permite sentir. Desesperança.	*Agora vou além dos medos e limitações dos outros. Eu faço a minha própria vida.*

Problema	**Causa Provável**	**Novo Padrão de Pensamento**
Derrame	Desistindo de enfrentar a vida. Resistência. "Melhor morrer do que mudar."	*A vida é mudança e eu me adapto facilmente ao novo. Aceito a vida por completo: presente passado, futuro.*
Disenteria	Medo e raiva intensos.	*Tenho paz e meu corpo a reflete.*
— Amebiana	Acredita que "eles" querem pegá-lo.	*Tenho poder e autoridade sobre o meu mundo. Estou em paz.*
— Bacilar	Opressão e desesperança.	*Estou cheio de vida, energia e alegria de viver.*
Desmaios	Medo. Incapacidade de lidar com a situação. Fuga.	*Tenho o poder, a força e o conhecimento para lidar com todos os aspectos de minha vida.*
Diabetes	Pesar por coisas que poderiam ter acontecido. Grande necessidade de exercer controle. Mágoa profunda. Não tem mais doçura.	*Este instante está cheio de alegria. Eu agora escolho vivenciar a doçura do dia de hoje.*

Problema	Causa Provável	Novo Padrão de Pensamento
Diarréia	Medo. Rejeição. Fuga.	*Minha ingestão, assimilação e eliminação estão em perfeita ordem. Estou em paz com a vida.*
Dismenorréia v. Femininos, males; Menstruação, distúrbios		
Distrofia muscular	"Não vale a pena crescer."	*Vou além das limitações de meus pais. Estou livre para ser o melhor possível.*
Doença mental v. Insanidade		
Doenças crônicas	Recusa em mudar. Medo do futuro. Sente-se inseguro, desprotegido.	*Estou disposto a mudar e evoluir. Eu agora estou criando um futuro novo e seguro.*
Doenças da infância	Crença em calendários, conceitos sociais e falsas leis. Comportamento infantil dos adultos que cercam o paciente.	*Esta criança é divinamente protegida e cercada de amor. Agimos com equilíbrio e tranqüilidade, o que nos dá a imunidade mental.*

Problema	Causa Provável	Novo Padrão de Pensamento
Doenças respiratórias v. também Bronquite, Resfriados, Tosse, Gripe	Medo de viver plenamente a vida.	*Estou em segurança. Amo viver.*
Doenças venéreas v. também Aids, Gonorréia, Herpes genital, Sífilis	Culpa de ordem sexual. Necessidade de punição. Crê que órgãos genitais são sujos ou pecaminosos. Está abusando de outra pessoa.	*Com amor e alegria aceito minha sexualidade e sua expressão. Só aceito pensamentos que me enaltecem e me fazem sentir bem.*
Dor		
— Contínua	Desejo de ser amado, abraçado.	*Eu me amo e gosto de ser como sou. Sou amoroso e digno.*
— Aguda	Culpa. A culpa sempre exige castigo.	*Com alegria me liberto do passado. Os outros são livres e eu também. Agora está tudo bem em meu coração.*
Dor de cabeça v. também Enxaqueca	Autonegação. Autocrítica. Medo.	*Eu me amo e gosto do meu modo de ser. Vejo a mim e ao que faço com os olhos do amor. Estou seguro.*

Problema	Causa Provável	Novo Padrão de Pensamento
Dor nas costas v. também Coluna vertebral, Desalinhamento da Coluna (anexo especial, adiante)	Representa o suporte da vida.	
— Parte superior	Falta de apoio emocional. Sente falta mas também não consegue dar amor.	*Eu me amo, gosto de ser como sou. A vida me ampara e me provê de amor.*
— Parte média	Culpa. Ligação a todo o lixo do passado. Sensação: "Saia de cima das minhas costas".	*Liberto-me do passado. Estou livre para evoluir com amor no coração.*
— Parte inferior	Medo de lidar com dinheiro. Falta de apoio financeiro.	*Confio na evolução da vida. Tudo de que preciso sempre me é dado. Estou protegido.*
Eczema v. Pele		
Edema v. também Retenção de líquidos, Inchaço	Quem ou o que você não quer largar?	*Alegro-me por me libertar do passado. Acho bom avançar para o futuro. Agora sou livre.*

Problema	Causa Provável	Novo Padrão de Pensamento
Encefalomielite miálgica v. Vírus Epstein-Barr		
Endometriose v. Femininos, males		
Enfisema	Medo de viver. A vida não vale a pena.	*Tenho o direito de viver plena e livremente. Amo a vida. Eu me amo.*
Enjôo		
— Em veículos	Medo. Sente-se escravizado. Sensação de estar preso numa armadilha.	*Movimento-me com facilidade pelo tempo e pelo espaço. Estou cercado de amor.*
— No mar	Medo. Medo da morte. Perda de controle.	*Sinto-me completamente seguro no Universo. Fico em paz em todos os lugares. Confio na vida.*
Entorpecimento	Não oferece amor ou consideração. Está definhando mentalmente.	*Reparto com alegria minhas emoções e meu amor. Recebo a todos com amor.*

Problema	Causa Provável	Novo Padrão de Pensamento
Enurese noturna	Medo de um dos pais, geralmente do pai.	*Esta criança é vista com amor, compaixão e compreensão. Tudo está bem.*
Envelhecimento, problemas do	Apego às normas sociais. Postura conservadora. Medo de ser autêntico. Rejeição do momento presente.	*Eu me amo e aceito o passar dos anos. Todos os instantes da vida são perfeitos.*
Enxaqueca v. também Dor de cabeça	Detesta ser dirigido. Resiste ao fluxo da vida. Medos sexuais. (Geralmente é aliviada pela masturbação.)	*Relaxo no fluir da vida e, numa atitude de tranqüilo conforto, deixo-a prover tudo o que preciso. A vida me ampara.*
Equilíbrio, perda de	Mente dispersiva. Não está centrado.	*Sinto-me seguro ao me concentrar em meus pensamentos e aceito a perfeição da vida. Tudo está bem.*
Equimoses v. Hematomas		
Epilepsia	Complexo de perseguição. Rejeição da vida. Sensação de estar travando uma grande luta. Autoviolentação.	*Minha vida é alegre e eterna. Eu sou eterno, alegre e tenho paz.*

Problema	Causa Provável	Novo Padrão de Pensamento
Erupções v. Pele, Urticária		
Esclerodermatite	Medo da vida interior. Não confia em si mesmo para se manter e se proteger.	*Relaxo completamente porque agora sei que estou em segurança. Confio na vida e em mim.*
Esclerose amiotrófica lateral	Não enxerga o próprio valor. Negação do sucesso.	*Sei que tenho valor. É maravilhoso ser bem-sucedido. Sou abençoado pela vida.*
Esclerose múltipla	Endurecimento mental. Coração duro. Vontade de ferro. Inflexibilidade. Medo.	*Tendo pensamentos alegres e amorosos, crio um mundo cheio de alegria e amor. Sou livre e sinto-me seguro.*
Escoliose v. Coluna vertebral		
Espasmos	Estreitamento dos pensamentos devido ao medo.	*Relaxo, solto-me e liberto-me. Estou seguro na vida.*
Esqueleto v. também Ossos	Representa a estrutura da vida. Se doente, a estrutura está ruindo.	*Sou firme e forte. Minha estrutura é forte.*

Problema	Causa Provável	Novo Padrão de Pensamento
Espinhas v. Pele		
Espinha curvada v. Coluna vertebral		
Esterilidade	Medo e resistência ao processo da vida, ou não sente necessidade de passar pela experiência da paternidade ou maternidade.	*Confio no processo vida. Estou sempre no lugar certo, fazendo a coisa certa, na hora certa. Aprovo meu jeito de ser e gosto de mim.*
Estômago v. também Azia, Gastrite, Úlcera, Úlcera péptica	Garante a nutrição. Representa a assimilação das idéias.	*Assimilo todas as experiências com facilidade. A vida me faz bem.*
— Problemas	Medo. Medo do desconhecido. Incapacidade de assimilar o novo.	*Assimilo o novo a cada momento de cada dia.*
Fadiga	Resistência. Tédio. Falta de amor pelo que faz.	*A vida é excitante. Sinto grande energia e disposição.*
Febre	Raiva. Sentir-se explodindo de raiva.	*Eu sou a calma, a tranqüila expressão do amor e da paz.*

Problema	Causa Provável	Novo Padrão de Pensamento
Femininos, males	Negação de si, mesma. Rejeição da feminilidade, da essência feminina.	*Alegro-me por minha feminilidade. Gosto de ser mulher. Gosto do meu corpo.*
— Endometriose	Insegurança, desapontamento, frustração. Pessoa acusadora.	*Sou poderosa e atraente. É maravilhoso ser mulher. Eu me amo e me sinto realizada.*
— Fibromas	Alimenta uma mágoa causada por um parceiro. Recebeu um golpe no ego feminino.	*Eu liberto o padrão de pensamento que atraiu esta experiência. Estimulo apenas o bem em minha vida.*
— Leucorréia	Crê que as mulheres são indefesas diante dos homens. Raiva do companheiro.	*Sou responsável por todas as minhas experiências. Tenho o poder. Alegro-me com minha feminilidade. Sou livre.*
— Quistos e tumores fibrosos	Passando e repassando experiências dolorosas. Alimentando mágoas. Falso crescimento interior.	*As imagens que tenho em minha mente são belas porque quero que seja assim. Eu me amo.*

Problema	Causa Provável	Novo Padrão de Pensamento
— Vaginite	Raiva do parceiro. Culpa sexual. Autopunição.	*Os outros refletem o amor que tenho por mim. Alegro-me com minha sexualidade.*
Ferimentos v. também Cortes, Machucados	Pequenos tropeços na vida. Autopunição.	*Eu me amo. Sou carinhoso e gentil comigo. Tudo está bem.*
Fibrose cística	Grande crença em que a vida não funciona para você. "Pobre de mim."	*Amo a vida, estou em sintonia com a vida. Agora quero ser livre e viver.*
Fígado	Depositário de raiva e emoções primitivas.	*Eu conheço bem o amor, a paz e a alegria.*
— Distúrbios	Hábito de se queixar. Procura justificativas para a própria rabugice apenas para iludir-se. Sente-se mal.	*Quero viver movido pela força de meu coração. Procuro o amor e o encontro em todos os lugares.*
— Cálculos biliares	Amargura. Pensamentos agoniados. Hábito de fazer críticas. Orgulho.	*A vida é uma alegre libertação do passado. A vida é doce, e eu também.*

Problema	Causa Provável	Novo Padrão de Pensamento
— Icterícia	Prevenção contra si mesmo e os outros. Instável equilíbrio mental.	*Minha mente está clara e liberta. Liberto o passado e avanço para o futuro. Está tudo bem.*
— Hepatite	Resistência a mudanças. Raiva do passado. Medo, raiva, ódio. O fígado é a parte do corpo onde se alojam o ódio e a raiva.	*Adapto-me com doçura ao fluxo da vida. Faço as pazes com meu passado.*
Fístulas	Medo. Vontade de interromper o fluxo da vida.	*Estou seguro. Confio plenamente no processo da vida. Sinto-me amparado pela vida.*
Flacidez	A flacidez é decorrência da fraqueza de espírito. Ressentimentos.	*Sinto a alegria de viver e me permito gozar por completo cada instante de cada dia. Meu espírito será sempre jovem.*
Flatulência v. Intestinos, gases		
Fraqueza	Necessidade de descanso mental.	*Dou férias à minha mente.*

Problema	Causa Provável	Novo Padrão de Pensamento
Fraturas v. Ossos		
Flebite	Raiva e frustração. Culpa os outros pelas suas limitações e falta de alegria.	*Agora a alegria flui livre dentro de mim. Estou em paz com a vida.*
Frieiras	Frustração por ser rejeitado. Dificuldade de superar os problemas.	*Eu gosto de mim e aprovo meu jeito de ser. Quero progredir e acho bom ir sempre em frente.*
Frigidez	Medo. Negação do prazer. Crê que o sexo é algo mau. Parceiros insensíveis. Medo do pai.	*É seguro para mim gostar de meu próprio corpo. Alegro-me por ser mulher.*
Furúnculos v. também Antraz	Raiva. Não gosta de si mesmo.	*Expresso amor e alegria, e estou em paz.*
Gagueira	Insegurança. Falta de auto-afirmação. Não se permite chorar.	*Sou livre para falar por mim. Agora me sinto seguro para me expressar. Comunico-me apenas com amor.*

Problema	Causa Provável	Novo Padrão de Pensamento
Gangrena	Morbidez. Sufoca a alegria com pensamentos ruins.	*Meus pensamentos são harmoniosos e a alegria flui livremente em mim.*
Garganta v. também Amigdalite	A via da expressão. Canal da criatividade.	*Abro meu coração e canto as alegrias do amor.*
— Problemas	Incapacidade de falar por si. Raiva reprimida. Criatividade sufocada. Recusa em mudar.	*Eu posso gritar. Posso me expressar com liberdade e alegria. Falo por mim mesmo com facilidade. Mostro minha criatividade. Estou disposto a mudar.*
Gastrite v. também Estômago	Incerteza prolongada. Sensação de fatalidade.	*Eu gosto de mim e de ser como sou. Sinto-me seguro.*
Gengiva		
— Problemas	Incapacidade de sustentar decisões. Fraqueza. Vacilação. "Maria-vai-com-as-outras."	*Sou uma pessoa decidida. Sigo em frente e cuido de mim com amor.*

Problema	Causa Provável	Novo Padrão de Pensamento
— Sangramento	Falta de alegria pelas decisões tomadas na vida.	*Sei que a correta Ação Divina está sempre acontecendo em minha vida. Vivo em paz.*
Glândulas	Representam nossas referências. Simbolizam as iniciativas.	*Atuo em meu mundo com poder criador.*
— Febre glandular v. Mononucleose		
— Distúrbios glandulares	Dificuldade em pôr as idéias em prática. Está se escondendo.	*Tenho todas as Idéias Divinas e capacidade de trabalhar. Vou começar a agir agora mesmo.*
Globus histericus v. Aperto na garganta		
Gonorréia v. também Doenças venéreas	Necessidade de um castigo por se considerar uma pessoa má.	*Amo meu corpo. Amo minha sexualidade. Amo tudo o que sou.*

Problema	Causa Provável	Novo Padrão de Pensamento
Gordura v. também Obesidade	Supersensibilidade. A gordura muitas vezes indica medo e necessidade de proteção. O medo pode esconder raiva e resistência em perdoar.	*Estou protegido pelo Amor Divino. Estou sempre disposto a crescer e a assumir a responsabilidade pela minha própria vida. Perdôo os outros e agora dirijo minha vida como quero.*
— Nos braços	Raiva por alguém ter negado amor.	*É seguro sentir todo o amor que desejo.*
— Na barriga	Raiva por alguém ter negado o alimento.	*Eu me nutro com alimento espiritual e estou satisfeito. Sou livre.*
— Nos quadris	Raiva persistente em relação aos pais.	*Estou disposto a perdoar o passado. É bom que eu supere as limitações de meus pais.*
— Nas coxas	Raiva da infância acumulada. Com freqüência raiva do pai.	*Vejo meu pai como uma criança não amada e por isso o perdôo. Estamos ambos livres.*

Problema	Causa Provável	Novo Padrão de Pensamento
Gota	Necessidade de dominar. Impaciência. Raiva.	*Estou seguro e protegido. Estou em paz comigo e com os outros.*
Gripe v. também Doenças respiratórias	Reação contra a negatividade. Temor. Deixa-se influenciar por opiniões alheias.	*Estou acima de crendices e imposições sociais. Estou livre de influências e pressões.*
Hálito	Representa a capacidade de absorver a vida.	*Amo a vida. É seguro viver.*
— Mau hálito (halitose)	Pensamentos cheios de raiva e desejo de vingança. Atitudes más, espalhar boatos vis.	*Liberto o passado com amor. Agora escolho dar voz apenas ao amor. Falo com delicadeza e só exalo o bem.*
Hematomas v. também Ferimentos, Contusões	Pequenos contratempos da vida. Autopunição.	*Eu gosto de mim, cuido de mim com carinho e delicadeza. Está tudo bem comigo.*
Hemorróidas v. também Ânus	Medo de prazos. Raiva do passado. Medo de soltar-se. Sente-se sobrecarregado de trabalho.	*Liberto-me de tudo que não seja amor. Há tempo e oportunidade para tudo o que desejo fazer.*

Problema	Causa Provável	Novo Padrão de Pensamento
Hepatite v. Fígado		
Hérnia	Relacionamentos rompidos. Tensão, sobrecarga. Não expressa a criatividade.	*Tenho pensamentos suaves e harmoniosos. Gosto de mim e de meu jeito de ser. Sou livre para ser eu mesmo.*
Hérnia de disco v. Coluna vertebral		
Herpes genital v. também Doenças venéreas	Imensa culpa de ordem sexual. Vergonha. Medo da punição divina. Rejeição dos órgãos sexuais.	*Minha crença em Deus me ampara. Sou normal e perfeito. Meu corpo e minha sexualidade me proporcionam muita alegria. Sou maravilhoso.*
Herpes labial (*Herpes simplex*)	Maledicência. Medo de expressar a raiva em palavras.	*Minha vida está repleta de boas experiências porque estou bem comigo. Tudo está bem.*
Herpes-zoster (*cobreiro, catapora*)	Medo e tensão. Hipersensibilidade.	*Sinto-me relaxado e tranqüilo porque confio no processo da vida. Está tudo bem comigo.*

Problema	Causa Provável	Novo Padrão de Pensamento
Hidrofobia	Raiva. Crê na violência como solução.	*A paz habita em mim e me cerca.*
Hiperatividade	Medo. Sente-se pressionado e inquieto.	*Estou em segurança. Agora toda a pressão está se dissolvendo. Sou bom o bastante.*
Hiperglicemia v. Diabetes		
Hipertensão v. Pressão sanguínea		
Hiperventilação v. também Asfixia, ataques, Respiração	Medo. Resistência a mudanças. Falta de confiança no processo da vida.	*Estou seguro em qualquer lugar do Universo. Eu gosto de mim e confio no processo da vida.*
Hipoglicemia	Sobrecarga pelas responsabilidades da vida. Desânimo.	*De agora em diante minha vida será leve, fácil e prazerosa.*
Hipotireoidismo v. Tireóide		

Problema	Causa Provável	Novo Padrão de Pensamento
Hirsutismo	Raiva. Raiva reprimida. E o que a encobre é geralmente o medo. Vontade de culpar os outros. Descaso com o aperfeiçoamento espiritual.	*Sou um pai amoroso comigo mesmo. Estou satisfeito com a vida e repleto de amor. Posso tranqüilamente mostrar quem realmente sou.*
Hodgkin, doença de	Sensação de culpa. Medo imenso de não ser bom o bastante. Empenho frenético em provar o contrário até perder a energia. A alegria de viver é esquecida na ânsia de ser aceito.	*Sinto-me muito feliz por ser eu mesmo. Eu gosto de mim e estou satisfeito com meu jeito de ser. Recebo e expresso alegria.*
Huntington, doença de	Ressentimento por não conseguir mudar os outros. Desesperança.	*Entrego todo o controle da vida ao Universo. Estou em paz comigo e com a vida.*
Icterícia v. Fígado		
Ileíte (*Doença de Crohn, Enterite regional*) v. Intestinos		

Problema	Causa Provável	Novo Padrão de Pensamento
Impotência	Tensão sexual, desgaste físico e mental. Ligação a padrões sociais. Despeito em relação a um antigo parceiro. Medo da mãe.	*Agora permito que toda a minha força sexual seja liberada com facilidade e alegria.*
Inchaço v. também Edema, Retenção de líquidos.	Pensamentos negativos. Criação de idéias que fazem sofrer.	*Meus pensamentos fluem livres e facilmente. Sinto-me livre para pensar.*
Incontinência	Sobrecarga emocional. Anos e anos de controle das emoções.	*Quero sentir. É reconfortante expressar minhas emoções. Eu gosto de mim.*
Incurável	A esta altura o mal não pode mais ser curado por meios convencionais. É preciso mergulhar em seu íntimo para efetuar a cura. O que veio do nada para o nada voltará.	*Milagres acontecem todos os dias. Eu me volto para dentro de mim mesmo e consigo dissolver o padrão de pensamento que criou isto. Agora aceito uma Cura Divina. E assim será.*
Indigestão	Medo profundo. Ansiedade, preocupação.	*Digiro e assimilo experiências novas de maneira pacífica e alegre.*

Problema	Causa Provável	Novo Padrão de Pensamento
Infecção v. também "Ites"	Irritação, raiva, aborrecimento.	*Quero ser pacífico e conciliador.*
Infecção virótica	Falta de alegria na vida. Amargura.	*Deixo a alegria fluir livremente em minha vida. Eu gosto de mim.*
Infecção urinária	Raiva do sexo oposto ou de um parceiro em particular. Culpa outros pelos seus males.	*Eu me liberto do padrão de pensamento que criou este mal. Quero mudar. Gosto de mim e do meu jeito de ser.*
Inflamação v. também "Ites"	Medo. Estado colérico. Modo de pensar exaltado.	*Meu modo de pensar é pacífico, calmo e equilibrado.*
Insanidade	Vontade de fugir da família. Escapismo, bater em retirada. Fuga violenta da vida.	*Esta mente conhece sua verdadeira identidade e é uma manifestação criativa da Expressão Divina.*
Insônia	Medo. Não confia no processo da vida. Culpa.	*Tranqüilamente desligo-me do dia e entrego-me a um sono, sereno, sabendo que o amanhã seguirá seu seu rumo natural.*

Problema	Causa Provável	Novo Padrão de Pensamento
Intestinos v. também Cólon	Assimilação. Absorção. Fácil eliminação.	*Eu assimilo e absorvo tudo o que preciso saber e liberto-me do passado com alegria.*
— Gases	Estar agarrando-se a alguma situação. Medo. Idéias mal resolvidas.	*Relaxo e deixo a vida fluir através de mim.*
— Ileíte	Medo. Preocupação. Não se sente bom o bastante.	*Gosto de mim e me aceito como sou. Estou fazendo o melhor possível. Sou ótimo e estou em paz.*
— Prisão de ventre	Recusa em largar velhas idéias. Preso ao passado. Pode às vezes indicar avareza.	*À medida que vou libertando o passado, o novo, o que é puro e vital, vai entrando em mim. Deixo a vida fluir através de mim.*
Intoxicação alimentar	Permite que outros assumam o controle de sua vida. Sente-se indefeso.	*Tenho a força, o poder e a capacidade de conduzir minha vida.*

Problema	Causa Provável	Novo Padrão de Pensamento
"Ites" em geral *(designando inflamações e infecções)* v. também Inflamação, Infecção	Raiva e frustração por não ter as condições que deseja na vida.	*Estou disposto a mudar todos os padrões que me levam a ser excessivamente crítico. Eu gosto de mim e de meu jeito de ser.*
Joanete v. Pés		
Joelhos v. também Articulações	Representam o orgulho e o "eu".	*Sou flexível e estou sempre me atualizando.*
— Problemas	Teimosia. Orgulho. Incapacidade de se dobrar. Medo. Inflexibilidade. Não cede nunca.	*Perdão. Compreensão. Compaixão. Eu sei aceitar idéias alheias e aceito o fluxo da vida. Tudo está bem.*
Labirintite	Medo. Medo de não ter controle sobre si mesmo.	*Sempre tenho controle sobre meus pensamentos. Sinto-me seguro. Gosto de mim e de meu jeito de ser.*
Lado direito do corpo	Representa a doação, a praticidade, o caráter masculino, o homem, o pai.	*Equilibro facilmente e sem esforço minha energia masculina.*

Problema	Causa Provável	Novo Padrão de Pensamento
Lado esquerdo do corpo	Representa a receptividade, a capacidade de assimilação, o caráter feminino, a mulher, a mãe.	*Minha feminilidade está lindamente equilibrada.*
Laringite	Sente-se tão bravo que não consegue falar. Medo de falar. Ressente-se da autoridade.	*Sou livre para pedir o que quiser. É seguro expressar o que sinto. Estou em paz.*
Lepra	Incapacidade de lidar com a vida. Antiga e persistente crença de que não é suficientemente bom ou suficientemente limpo.	*Consigo superar minhas limitações. Sou divinamente guiado e amparado. O amor cura a vida.*
Leucemia v. também Sangue	Está matando brutalmente a inspiração. "De que adianta?"	*Vou muito além das limitações do passado e entro na liberdade do agora. É seguro ser eu mesmo.*
Leucorréia v. Femininos, males		

Problema	Causa Provável	Novo Padrão de Pensamento
Linfáticos, problemas	Aviso de que a mente precisa se voltar novamente para as coisas essenciais da vida: amor e alegria.	*Minha vida está totalmente voltada para o amor e a alegria. Acompanho o fluxo da vida. Tenho paz de espírito.*
Língua	Representa a capacidade de gozar os prazeres da vida com alegria.	*Rejubilo-me com a abundância da vida.*
Lou Gherig, doença de v. Esclerose amiotrófica lateral		
Lúpus (***eritematoso***)	Desistência. Melhor morrer do que suportar a si mesmo. Raiva e desejo de punição.	*Falo por mim mesmo com liberdade e facilidade. Faço questão de exercer meu poder. Gosto de mim e aceito meu modo de ser. Sou livre e seguro.*
Luxações	Raiva e resistência. Não quer avançar numa certa direção da vida.	*Sei que o processo da vida me conduz apenas para o mais elevado Bem. Estou em paz.*

Problema	Causa Provável	Novo Padrão de Pensamento
Machucados	Raiva de si mesmo. Sensação de culpa.	*A partir de agora liberto minha raiva de maneira positiva. Gosto de mim e do meu jeito de ser.*
Malária	Está em desequilíbrio com a natureza e a vida.	*Estou unido com toda a vida. Estou seguro de mim.*
Mandíbula, problemas da (*Articulação temporo-mandibular, Nevralgia do trigêmeo*)	Raiva, ressentimento e desejo de vingança criaram esse estado.	*Estou disposto a mudar os padrões de pensamentos que criaram esse estado Estou seguro de mim.*
Mãos	Pegar e manusear. Agarrar. Pegar e soltar. Acariciar. Beliscar. São modos de se lidar com as experiências.	*Quero lidar com todas as minhas experiências com facilidade, amor e alegria.*
Mastite v. Seios		

Problema	Causa Provável	Novo Padrão de Pensamento
Mastoidite	(Comum em crianças.) Raiva e frustração. Desejo de não ver o que está acontecendo. O medo afetando a compreensão.	*A Paz e a Harmonia Divinas estão dentro de mim e me cercam. Sou um oásis de paz, amor e alegria. Tudo está bem comigo.*
Medula óssea	Representa nossas mais profundas idéias sobre o "eu" e também o modo como nos cuidamos e amparamos.	*O Espírito Divino é a real estrutura de minha vida. Sou seguro, amado e totalmente protegido.*
Meningite	Pensamento inflamado. Raiva da vida.	*Deixo sair de mim toda a culpa e aceito a tranqüilidade e alegria da vida.*
Menopausa, distúrbios da	Medo de não ser mais querida. Medo e envelhecer. Auto-rejeição. Não se sente bem o suficiente.	*Sou tranqüila e equilibrada em todas as mudanças da vida e abençôo meu corpo com amor.*
Menstruação, distúrbios da	Rejeição da feminilidade. Culpa, medo. Crê que os órgãos genitais são sujos ou pecaminosos.	*Aceito meu poder feminino e todas as minhas reações corporais porque são normais e naturais. Gosto de mim e de ser quem sou.*

Problema	Causa Provável	Novo Padrão de Pensamento
— Amenorréia	Não quer ser mulher. Não gosta de si mesma.	*Alegro-me em ser quem sou. Sou uma bela expressão da vida que sempre flui com perfeição.*
— Dismenorréia	Raiva de si mesma. Ódio do próprio corpo ou das mulheres em geral.	*Amo meu corpo. Amo a mim mesma. Amo o modo como minha vida se desenvolve. Está tudo bem.*
Micoses	Não evolui em suas idéias. Recusa-se a libertar o passado. Deixa o ontem dirigir o hoje.	*Vivo no instante presente, livre e alegre.*
Mononucleose ***(Doença de Pfeiffer, Febre glandular)***	Raiva por não receber amor e admiração. Deixou de cuidar de si mesmo.	*Tenho muito amor por mim e pelo meu jeito de ser. Cuido bem de mim. Sou auto-suficiente.*
Mordidas de animais	Suscetível a todo tipo de desfeita. Raiva de si mesmo. Necessidade de autopunição.	*Eu me perdôo e me amo agora e cada vez mais. Sou livre.*

Problema	Causa Provável	Novo Padrão de Pensamento
Morte	Representa abandonar o filme da vida.	*É com alegria que alcanço novos níveis de experiência. Está tudo bem.*
Músculos	Resistência a novas experiências. Os músculos representam nossa habilidade de agir diante das mais diferentes situações da vida.	*Para mim, a vida é uma dança alegre e divertida.*
Nádegas	Representam o poder. Nádegas caídas indicam perda de poder.	*Uso o meu poder com sabedoria. Sou forte e seguro. Tudo está bem comigo.*
Narcolepsia	Incapaz de enfrentar a vida. Medo extremo. Desejo de afastar-se de tudo. Não quer estar onde está.	*Confio na Sabedoria e Orientação Divinas, sabendo que elas me guiam e me protegem sempre. Sinto-me seguro.*
Nariz	Representa o autoconhecimento.	*Reconheço minha capacidade intuitiva.*
— Coriza	Está pedindo ajuda. Imensa tristeza guardada no íntimo.	*Eu gosto de mim e me conforto de maneira prazerosa.*

Problema	Causa Provável	Novo Padrão de Pensamento
— Corrimento pós-nasal	Grande tristeza. Lágrimas contidas. Mágoa da infância. Sente-se vítima.	*Reconheço e aceito que exerço meu poder criativo em meu mundo. Eu agora quero gozar a vida.*
— Entupido	Não reconhece o próprio valor.	*Eu me amo e aprovo meu modo de ser.*
— Hemorragia nasal	Sente-se ignorado. Necessidade de reconhecimento. Chora por amor.	*Eu gosto de mim e de ser como sou. Reconheço meu próprio valor. Sou maravilhoso.*
Nascimento	Representa a entrada nesta parte do filme da vida.	*Este bebê agora inicia uma nova vida alegre e maravilhosa. Tudo está bem.*
Náuseas	Medo. Rejeição a uma idéia ou experiência.	*Estou seguro e protegido. Confio no processo da vida e sei que ela só me traz o bem.*
Nefrite v. também Bright, mal de	Reação exagerada a desapontamentos e fracassos.	*Em minha vida acontece apenas a correta Ação Divina. Desfaço-me do velho e acolho com prazer o novo. Tudo está bem.*

Problema	Causa Provável	Novo Padrão de Pensamento
Nervos	Representam a comunicação. São os informantes do corpo.	*Comunico-me com facilidade e alegria.*
Nervosismo	Medo. Ansiedade. Luta. Pressa. Não confia no processo da vida.	*Estou numa viagem interminável pela eternidade e tenho muito tempo. Eu me comunico com o meu coração. Está tudo bem.*
Nevralgias	Espera punição por uma falta cometida. Angústia por sentir dificuldade em se comunicar.	*Eu me perdôo. Eu me amo e gosto de ser como sou. Comunico-me com amor.*
Nevralgia do trigêmeo v. Mandíbula		
Nódulos	Ressentimento, frustração e mágoa relacionados consigo mesmo ou com a carreira profissional.	*Abandono o padrão que emperra a minha vida. Agora quero o sucesso.*

Problema	Causa Provável	Novo Padrão de Pensamento
Obesidade v. também Gordura	Medo, necessidade de proteção. Foge dos sentimentos. Insegurança. Auto-rejeição.	*Estou em paz com meus próprios sentimentos. Estou seguro em meu lugar. Crio minha própria segurança. Eu me amo e gosto do meu jeito de ser.*
Odor corporal	Medo. Não gosta de si. Medo dos outros.	*Aprovo meu modo de ser. Sinto-me seguro. Gosto de mim.*
Olhos	Representam a capacidade de ver claramente o presente, o passado e o futuro.	*Vejo com amor e alegria.*
— Problemas	Não gosta do que vê em sua vida.	*Agora tenho uma vida boa e digna de admiração.*
— Problemas em crianças	Recusa em ver o que está acontecendo na família.	*Harmonia, alegria, beleza e segurança agora cercam esta criança.*
— Astigmatismo	Dificuldade em lidar com o "eu". Medo de ver a própria alma.	*Agora estou disposto a ver minha beleza e magnificência.*

Problema	Causa Provável	Novo Padrão de Pensamento
— Catarata	Incapacidade de encarar o futuro com alegria. Futuro sombrio.	*A vida é eterna e repleta de alegria.*
— Conjuntivite	Raiva e frustração diante dos fatos da vida.	*Vejo com os olhos do amor. Existe uma boa solução para tudo e eu a aceito de bom grado.*
— Estrabismo	Recusa em ver o que está além de seu próprio mundo. Objetivos confusos.	*É bom ver com clareza. Estou em paz.*
— Estrabismo divergente	Medo de olhar para o presente neste exato momento.	*Eu me vejo neste exato momento com amor e satisfação.*
— Glaucoma	Recusa inflexível em perdoar. Tensão devido a mágoas duradouras. Sensação de derrota.	*Vejo com amor e ternura.*
— Hemorragia ocular	Raiva e frustração. Não quer ver a vida.	*Deixo sair de mim a necessidade de estar sempre certo. Vivo em paz.*
— Hipermetropia	Medo do presente.	*Estou seguro aqui e agora, e vejo isso claramente.*

Problema	Causa Provável	Novo Padrão de Pensamento
— Miopia	Medo do futuro.	*Aceito a Orientação Divina e estou sempre protegido.*
— Queratite	Extrema raiva. Desejo de bater nas pessoas ou nas coisas que vê.	*O amor que existe em meu coração cura tudo o que vejo. Tenho paz. Meu mundo está bem.*
— Secura	Olhos cheios de raiva. Recusa em ver com amor. Prefere morrer a perdoar. Sente-se rancoroso.	*Quero perdoar. Minha visão está repleta de vida. Agora posso ver com olhos de compaixão e compreensão.*
— Terçol	Encara a vida com raiva. Raiva de alguém.	*Vejo tudo e todos com amor e alegria.*
Ombros v. também Coluna vertebral	Representam nossa capacidade de "carregar" as experiências de vida com alegria e leveza. São as nossas ações que podem transformar a vida num fardo.	*Quero que todas as minhas experiências sejam alegres e amorosas.*
— Caídos	Sente que carrega pesados fardos na vida. Indefeso. Desesperançado.	*Mantenho-me ereto e livre. Gosto de mim. Minha vida se torna melhor a cada dia.*

Problema	Causa Provável	Novo Padrão de Pensamento
Órgãos genitais	Representam o caráter masculino e feminino.	*É seguro ser quem sou.*
— Problemas	Preocupação por achar que não é suficientemente bom.	*Alegro-me pela maneira como conduzo minha vida. Sou perfeito do jeito que sou. Gosto de mim e me aceito.*
Órgãos genitais femininos		
— Ovários	Representam os pontos da criatividade.	*Minha criatividade flui facilmente.*
— Útero	Representa a morada da criatividade.	*Sinto-me perfeitamente à vontade com meu corpo.*
— Vulva	Representa a vulnerabilidade.	*É seguro ser vulnerável.*

Problema	Causa Provável	Novo Padrão de Pensamento
Órgãos genitais masculinos		
— Próstata	Representa o caráter masculino. O medo enfraquece a masculinidade. Vontade de desistir. Culpa de natureza sexual. O envelhecimento não é encarado com naturalidade.	*Aceito minha masculinidade e ela me proporciona prazer. Gosto de mim e de meu jeito de ser. Sempre serei jovem de espírito.*
— Testículos	Masculinidade.	*É bom ser homem.*
Ossos v. também Esqueleto	Representam a estrutura do Universo.	*Sou bem-estruturado e equilibrado.*
— Deformidades v. também Osteomielite, Osteoporose	Tensão. Estreiteza mental. Perda da agilidade mental.	*Absorvo completamente a vida. Relaxo e confio no fluxo da vida.*
— Fraturas	Revolta contra a autoridade.	*Em meu mundo eu sou a autoridade, porque sou o único que habita minha mente.*
Osso púbico	Representa a proteção dos órgãos genitais.	*Minha sexualidade é perfeita.*

Problema	Causa Provável	Novo Padrão de Pensamento
Osteomielite	Raiva e frustração com as leis da vida. Sente-se desamparado.	*Confio no processo da vida; ele me transmite a paz. Estou seguro e protegido.*
Osteoporose	Já não sente apoio na vida.	*Mantenho-me em pé sozinho. A vida me ampara de maneira carinhosa e inesperada.*
Ouvidos	Representam a capacidade de ouvir.	*Ouço com amor.*
— Dor, Otite	Raiva. Não quer ouvir. Tumulto demais à sua volta. Briga dos pais.	*À minha volta só existe harmonia. Ouço com amor o que é bom e agradável. Sou o centro do amor.*
— Surdez	Rejeição, teimosia, isolamento. Não quer ouvir. Está saturado.	*Ouço o Divino e fico feliz por tudo o que sou capaz de ouvir. Tenho sorte.*
— Zumbido	Recusa-se a ouvir. Não presta atenção à voz interior. Teimosia.	*Confio em meu Eu Superior. Ouço com amor a minha voz interior. Liberto-me de tudo o que não traz amor.*

Problema	Causa Provável	Novo Padrão de Pensamento
Ovários v. Órgãos genitais femininos		
Paget, doença de	Sente-se sem chão, sem alicerces onde possa construir a vida. Acha que ninguém se importa com você.	*Sei que sou amparado pela vida de uma maneira gloriosa. A vida me ama e cuida de mim.*
Pâncreas	Representa a doçura da vida.	*Minha vida é doce.*
Pancreatite	Rejeição. Raiva e frustração. A vida parece ter perdido sua doçura.	*Gosto de mim e de meu jeito de ser. Eu mesmo crio alegria e doçura em minha vida.*
Paralisia v. também Parkinson, mal de	Medo. Terror. Vontade de fugir de uma pessoa ou situação. Resistência.	*Estou em sintonia com a vida. Adapto-me facilmente a qualquer situação.*
Paralisia cerebral	Necessidade de unir a família pela ação do amor.	*Eu ajudo a formar uma família amorosa e tranqüila. Está tudo bem.*
Parasitas	Delegando o seu poder aos outros. Deixa-os assumir o controle de sua vida.	*Amorosamente eu reassumo o meu poder e não mais admito interferência em minha vida.*

Problema	Causa Provável	Novo Padrão de Pensamento
Parestesia v. Entorpecimento		
Parkinson, mal de	Medo e desejo de controlar tudo e todos.	*Relaxo sabendo que estou em segurança. A vida é para ser vivida plenamente. Confio no processo da vida.*
Pele	Protege nossa individualidade. Representa a sensibilidade.	*É seguro ser eu mesmo.*
— Acne	Não se aceita. Não gosta de si mesmo.	*Sou uma expressão divina da vida. Gosto de mim, gosto de estar onde estou.*
— Assaduras	Irritação com atrasos. Modo infantil de chamar a atenção.	*Eu me amo e aprovo meu modo de ser. Estou em paz com o processo da vida.*
— Bolhas	Sente falta de proteção emocional. Resistência.	*Fluo suavemente com a vida a cada nova experiência que surge. Tudo está bem.*

Problema	Causa Provável	Novo Padrão de Pensamento
— Calosidades	Conceitos e idéias rígidos. Medo cristalizado.	*É seguro ver e testar novas idéias e diferentes modos de fazer. Estou aberto e receptivo para o bem.*
— Cravos e espinhas	Não se aceita. Não gosta de si mesmo.	*Sou a Divina expressão da vida. Gosto de mim e de estar aqui agora.*
— Eczema	Forte antagonismo. Mente tumultuada.	*Paz e harmonia, alegria e amor preenchem meu ser e me cercam. Sinto-me seguro e protegido.*
— Esclerodermatite	Sente-se desprotegido e inseguro. Os outros o irritam e representam uma ameaça.	*Conto sempre com a proteção divina. Tudo o que faço é certo e me traz amor e alegria.*
— Problemas	Medo. Ansiedade. Não se desfez do "lixo" do passado. Sente-se ameaçado.	*Amorosamente me protejo com pensamentos repletos de amor e paz. O passado está perdoado e esquecido. Agora sou livre.*

Problema	Causa Provável	Novo Padrão de Pensamento
— Psoríase	Medo de se ferir. Amortecimento dos sentidos. Recusa em aceitar os próprios sentimentos.	*Estou desperto para as alegrias da vida. Mereço e aceito o melhor que a vida possa me dar. Gosto de mim e de meu jeito de ser.*
— Vitiligo	Sensação de não pertencer ao mundo. Não se sente parte de nenhum grupo.	*Eu sou o próprio centro da vida. Estou completamente ligado ao amor.*
Pernas	Elas nos fazem avançar na vida.	*A vida me guia.*
— Canela	As canelas representam os padrões que temos. Fraturas indicam a quebra desses padrões.	*Vivo de acordo com os mais altos padrões de amor e alegria.*
Periodontite v. Piorréia		
Pés	Representam nosso poder de compreensão em relação à vida, aos outros e a nós mesmos.	*Tenho clara compreensão das coisas e quero mudar sempre acompanhando a mudança dos tempos. Estou seguro.*

Problema	Causa Provável	Novo Padrão de Pensamento
— Artelhos	Representam os detalhes do futuro.	*Cada pormenor de minha vida cuida de si mesmo.*
— Calos	Pensamentos endurecidos. Agarra-se teimosamente aos sofrimentos do passado.	*Vou em frente, livre do passado. Estou em segurança. Sou livre.*
— Joanete, esporão	Falta alegria para ir ao encontro das experiências de vida.	*Alegremente me apresso a encontrar com as maravilhosas experiências de vida que estão vindo para mim.*
— Problemas	Medo do futuro, de não avançar na vida.	*Levo minha vida com alegria e facilidade.*
Pescoço v. também Desalinhamento da Coluna (anexo especial, adiante)	Representa a flexibilidade e a capacidade de ter uma compreensão total das coisas.	*Estou em paz com a vida.*

Problema	Causa Provável	Novo Padrão de Pensamento
— Problemas	Recusa-se a ver os vários aspectos de uma questão. Teimosia. Inflexibilidade.	*Sem esforço e com habilidade vejo todos os lados de uma mesma questão. Existem inúmeros modos de ver ou fazer as coisas.*
— Torcicolo	Teimosia. Obstinação.	*Sempre gosto de analisar todos os pontos de vista.*
Pfeiffer, mal de v. Mononucleose		
Pielonefrite v. Infecção urinária		
Piorréia	Incapacidade de tomar decisões. "Maria-vai-com-as-outras."	*Sou uma pessoa decidida. Sei cuidar de mim e levo minha vida com amor.*
Pituitária (*Hipófise*)	Representa o centro de controle.	*Meu corpo e minha mente estão em perfeito equilíbrio. Tenho controle sobre meus pensamentos.*
Picadas de insetos	Culpa-se por pequenos deslizes.	*Nada consegue me irritar. Está tudo bem.*

Problema	Causa Provável	Novo Padrão de Pensamento
Plexo solar	Reações instintivas. Centro de poder da intuição.	*Confio em minha voz interior. Sou forte, sábio e poderoso.*
Pneumonia v. Pulmões		
Poliomielite	Ciúme paralisante. Desejo de impedir alguém de fazer algo.	*Há de tudo para todos. Eu desenvolvo o bem e a liberdade com pensamentos amorosos.*
Pólipos	Alimentar velhas mágoas. Acumular ressentimentos.	*Perdôo com facilidade. Eu me amo e me dirijo pensamentos elogiosos.*
Pressão sanguínea		
— Alta	Antigo problema emocional não resolvido.	*Idéias boas e alegres circulam livremente em mim.*
— Baixa	Falta de amor quando criança. Derrotismo. Desânimo.	*Agora quero viver eternamente alegre. Minha vida é pura alegria.*
Psoríase v. Pele		

Problema	Causa Provável	Novo Padrão de Pensamento
Pulmões		
— Pneumonia	Desesperado. Cansado da vida. Ferimentos emocionais que não recebem permissão para sarar.	*Absorvo com facilidade as Idéias Divinas que estão plenas de sopro e inteligência da vida. Cada instante é um novo instante.*
— Problemas	Depressão. Sofrimento. Medo de viver. Não se sente digno de viver plenamente a vida.	*Tenho capacidade de absorver a plenitude da vida. Vivo a vida plenamente, com todo amor.*
— Tuberculose	Definhando por causa do orgulho. Possessividade. Pensamentos cruéis. Desejo de vingança.	*À medida que vou me amando e me aprovando, crio um mundo alegre e pacífico para viver.*
Pulso	Representa facilidade de movimento.	*Lido com todas as minhas experiências com sabedoria, amor e liberdade.*
Quadris	Sustentam o corpo em perfeito equilíbrio. Muita confiança para ir em frente.	*Existe alegria em cada dia que surge. Sou livre e equilibrado.*

Problema	Causa Provável	Novo Padrão de Pensamento
— Problemas	Medo de tomar decisões importantes. Nada o estimula a querer avançar.	*Estou em perfeito equilíbrio. Sigo em frente na vida com alegria e facilidade, sem me importar com a idade.*
Queimaduras	Raiva. Mau humor. Irritação.	*Só crio paz e harmonia dentro de mim e no ambiente que me cerca. Mereço me sentir bem.*
Quistos	Repassa sempre o mesmo velho e triste filme. Alimenta mágoas. Falso crescimento.	*As imagens que passam em minha mente são belas porque opto por torná-las belas. Gosto de mim.*
Raiva	Indignação descontrolada. Opinião de que a violência é a solução.	*Gosto de mim e de meu jeito de ser. Estou em paz com a vida.*
Raquitismo	Falta de amor, de segurança e de desenvolvimento.	*Vivo em segurança e o universo me alimenta de amor.*

Problema	Causa Provável	Novo Padrão de Pensamento
Resfriados v. também Doenças respiratórias	Coisas demais para lidar ao mesmo tempo. Confusão mental, desordem. Pequenas mágoas. Tem pensamentos do tipo: "No inverno pego no mínimo três resfriados."	*Deixo minha mente relaxar e manter-se calma. A clareza e a harmonia estão dentro de mim e também à minha volta. Tudo está bem.*
Respiração	Representa a capacidade de absorver a vida.	*Amo a vida. É bom viver.*
— Problemas v. também Asfixia, Ataques, Hiperventilação	Medo ou recusa em viver plenamente a vida. Sente que não tem o direito de ocupar um espaço e nem mesmo de viver.	*Tenho o direito inato de viver livre e plenamente a vida. Sou digno de amor. Agora quero viver a vida por completo.*
Retenção de líquidos v. também Edema, Inchaço	O que está com medo de perder?	*Eu me desprendo das coisas.*
Reto v. Ânus		

Problema	Causa Provável	Novo Padrão de Pensamento
Reumatismo	Sensação de ser a vítima. Carência de amor. Amargura crônica. Ressentimento.	*Sou responsável pelas minhas experiências. Quanto mais gosto de mim e me aceito, melhores elas vão se tornando.*
Rigidez muscular	Pensamentos rígidos, inabaláveis.	*É bom ser flexível em relação a idéias e pensamentos.*
Rinite alérgica v. também Alergia	Sobrecarga emocional. Medo ligado a compromissos sociais. Sente-se perseguido. Culpa.	*Estou em sintonia com tudo o que é vivo. Estou sempre protegido.*
Rins		
— Cálculos renais	Raiva não dissolvida.	*Eu me desfaço de todos os problemas do passado com grande facilidade.*
— Problemas	Crítica. Desapontamento, fracasso. Vergonha. Reage como uma criancinha.	*A correta Ação Divina está sempre acontecendo em minha vida. De cada experiência resulta apenas o bem. É seguro crescer.*

Problema	Causa Provável	Novo Padrão de Pensamento
Roncar	Teimosia, recusa em abandonar velhas idéias.	*Liberto minha mente de tudo o que não seja amor e alegria. Saio do passado e me volto para o novo, moderno e vital.*
Rosto	Representa a imagem que mostramos ao mundo.	*É seguro ser eu mesmo. Mostro quem eu sou.*
Rouquidão	Forte crença de que não pode falar sobre si mesmo ou pedir o que precisa.	*Tenho o direito de ter todas as minhas necessidades atendidas. Agora peço o que quero com amor e facilidade.*
Sangramentos	Alegria se esvaindo. Raiva.	*Sou a alegria da vida se expressando e recebendo dentro do ritmo perfeito.*
Sangue	Representa a alegria fluindo livremente pelo corpo.	*Expresso e recebo a alegria da vida.*
— Anemia	Hesitação. Falta de alegria. Medo da vida. Não se sente bom o bastante.	*É seguro encontrar alegria em tudo na vida. Amo viver.*

Problema	Causa Provável	Novo Padrão de Pensamento
— Anemia falciforme	Crê não ser bom o bastante e isso destrói sua alegria de viver.	*Esta criança vive e respira a alegria da vida, e é alimentada pelo amor. Deus faz milagres todos os dias.*
— Coágulos	Não se permite ter alegria.	*Desperto nova vida dentro de mim. É extremamente fácil para mim fluir com ela.*
— Doenças v. também Leucemia	Falta de alegria. Falta de circulação de idéias.	*Novas idéias, cheias de alegria, fluem livremente pelo meu corpo.*
Sarna	Pensamentos ruins. Deixa-se perturbar pelos outros.	*Sou a expressão alegre e amorosa da vida. Sou dono de mim.*
Sapinho v. também Candidíase	Raiva por tomar decisões erradas.	*Aceito com tranqüilidade minhas decisões, sabendo que sou livre para mudar. Sou seguro e protegido.*
Seios	Representam a maternidade e o alimento físico e espiritual.	*Dou e recebo alimentos de maneira equilibrada.*

Problema	Causa Provável	Novo Padrão de Pensamento
— Problemas (Caroços, Cistos, Mastite)	Recusa em nutrir o "eu". Pensa mais nos outros do que em si mesmo. Tendência a superproteger as pessoas. Sentimento maternal exarcerbado.	*Sou importante. Agora cuido de mim mesma e me nutro com amor e alegria. Dou liberdade para que os outros sejam como quiserem. Estamos todos livres e seguros.*
Senilidade v. também Mal de Alzheimer	Deseja voltar à pretensa segurança da infância. Exige carinho e atenção, e assim controla os que o cercam. Fuga.	*Proteção Divina. Segurança. Paz. A Inteligência do Universo atua em todos os níveis de minha vida.*
Sífilis v. também Doenças venéreas	Está se desfazendo de seu poder e eficiência.	*Decido ser eu mesmo. Gosto de mim como sou.*
Síndrome do túnel carpal v. também Pulso	Raiva e frustração com as supostas injustiças da vida.	*Eu agora quero ter uma vida repleta de amor e abundância. Sinto-me bem.*

Problema	Causa Provável	Novo Padrão de Pensamento
Sinusite	Irritação com uma pessoa próxima.	*Declaro que a paz e a harmonia habitam meu íntimo e me cercam constantemente.*
Solitária (*vermes*)	Forte crença de que é sujo e vítima de tudo. Sente-se indefeso diante dos outros.	*Os outros apenas refletem os bons sentimentos que tenho a meu respeito. Eu me amo e aprovo tudo o que faço.*
Suicidas, impulsos	Vê a vida somente em branco-e-preto. Recusa-se a aceitar os meios-tons.	*Levo em conta todos as possibilidades. Sempre existe outra alternativa. Sou divinamente protegido.*
Supra-renais, glândulas v. também Addison, mal de; Cushing, mal de	Derrotismo. Não cuida mais de si. Ansiedade.	*Gosto de mim e de meu modo de ser. É seguro cuidar de mim mesmo.*
Surdez v. Ouvidos		

Problema	Causa Provável	Novo Padrão de Pensamento
Tensão pré-menstrual	Deixa que a confusão impere em sua mente. Muito influenciável. Rejeita os fenômenos femininos de seu corpo.	*Eu agora tomo as rédeas de minha mente e de minha vida. Sou uma mulher dinâmica e poderosa! Cada parte de meu corpo funciona em harmonia e com perfeição. Gosto de mim.*
Terçol v. Olhos		
Testículos v. Órgãos genitais masculinos		
Tétano	Raiva. Desejo de controlar. Não expressa seus sentimentos.	*Confio no processo da vida. Sei pedir aquilo que quero. Estou amparado pela vida.*
Timo v. também Glândulas	Glândula mestra do sistema imunológico.	*Meus pensamentos de amor mantêm íntegro e forte meu sistema imunológico.*

Problema	Causa Provável	Novo Padrão de Pensamento
— Problemas	Sente-se maltratado pela vida. "Eles" querem me prejudicar.	*Estou seguro interior e exteriormente. Ouço com carinho minha voz interior.*
Tinha *(micose)*	Deixa que os outros o perturbem. Não se sente bom nem limpo o bastante.	*Gosto de mim e aprovo meu jeito de ser. Nada nem ninguém tem poder sobre mim. Sou livre.*
Tiques	Medo. Sensação de estar sendo espionado.	*Sinto-me plenamente satisfeito com a vida. Tudo está bem em meu mundo. Vivo em segurança.*
Tireóide		
— Problemas	Humilhação. "Nunca consigo fazer o que quero. Quando chegará minha vez?"	*Vou além das antigas limitações e agora consigo expressar-me livre e criativamente.*
— Bócio	Ódio por ser oprimido. Vítima. Sente-se frustrado. Não realizado.	*Tenho o poder e a autoridade sobre a minha vida. Sou livre para ser como eu quiser.*

Problema	Causa Provável	Novo Padrão de Pensamento
— Hipotireoidismodismo	Vontade de desistir de tudo. Sente-se irremediavelmente sufocado.	*Vou começar uma vida nova, com novos ideais, uma vida que me satisfaça plenamente.*
— Hipertireoidismo	Raiva por ter sido deixado de lado.	*Eu sou o centro de minha vida. Estou satisfeito comigo e com tudo que vejo.*
Tontura	Pensamentos dispersos e irrefletidos. Recusa-se a ver.	*Estou muito bem equilibrado e em paz com a vida. É bom estar vivo e feliz.*
Torcicolo v. Pescoço		
Tornozelo v. também Articulações	Representa a capacidade de receber prazer.	*Aceito todo o prazer que a vida tem a oferecer.*
— Problemas	Inflexibilidade e culpa.	*Eu mereço gozar a vida.*
Tosse v. também Doenças respiratórias	Desejo de gritar ao mundo: "Veja-me! Ouça-me!"	*Sou notado e positivamente avaliado. Sou amado.*

Problema	Causa Provável	Novo Padrão de Pensamento
Trombose coronária v. Coração		
Tuberculose v. Pulmões		
Tumores	Acalenta mágoas e antigos traumas. Acumula remorsos.	*Com amor me liberto do passado e volto minha atenção para este novo dia. Tudo está bem.*
Úlcera v. também Azia, Problemas do estômago	Medo. Não se sente bom o bastante. O que o está consumindo?	*Eu me amo e aprovo meu jeito de ser. Sou calmo e vivo em paz. Está tudo bem.*
Úlcera péptica	Medo. Crê que não é bom o bastante. Necessidade de agradar.	*Eu me amo e aprovo meu jeito de ser. Estou em paz comigo mesmo. Sou maravilhoso.*
Unhas	Representam proteção.	*Abro-me ao mundo sem medo.*
— Encravada	Preocupação e culpa em relação ao direito de seguir em frente.	*É meu divino direito tomar as rédeas de minha vida. Estou seguro. Sou livre.*

Problema	Causa Provável	Novo Padrão de Pensamento
— Roer unhas	Frustração. Vontade de agredir os pais.	*É seguro para mim crescer. Agora lido com minha vida com gestos de amor e alegria.*
Uretrite v. também Infecções urinárias	Emoções raivosas. Indignação. Culpa.	*Dou chance apenas para experiências alegres.*
Urticária	Medos pequenos e ocultos.	*Espalho paz por todos os cantos de minha vida.*
Útero v. Órgãos genitais femininos		
Vaginite v. Femininos, males		
Varizes	Sente-se imobilizado numa situação que odeia. Desânimo. Sente-se esgotado e sobrecarregado.	*Mantenho-me firme na verdade, e vivo e caminho com alegria. Amo a vida e ela circula livremente dentro de mim.*
Verrugas	Algumas manifestações de ódio. Crê na feiúra.	*Sou o amor e a beleza da vida em sua plena expressão.*

Problema	Causa Provável	Novo Padrão de Pensamento
Verruga plantar	Raiva muito profunda. Sentimento de crescente frustração em relação ao futuro.	*Avanço na vida com confiança e facilidade. Confio no processo da vida e o acompanho.*
Vertigem v. Tontura		
Vícios	Fugindo de si mesmo. Medo. Não sabe como se amar.	*Agora descubro o quanto sou maravilhoso. Quero. me curar e encontrar prazer em mim mesmo.*
Vírus Epstein-Barr	Ultrapassa os próprios limites. Sensação de não ser bom o bastante. Esgotamento das próprias forças. O vírus do estresse.	*Relaxo e reconheço meu valor. Sou capaz. A vida é fácil e alegre.*
Vitiligo v. Pele		
Vômitos	Violenta rejeição das idéias. Medo do novo.	*Digiro a vida com alegria e segurança. Só passa através de mim o que é bom.*
Vulva v. Órgãos genitais femininos		

ANEXO ESPECIAL

DESALINHAMENTO DA COLUNA VERTEBRAL

Tantas pessoas se queixam de dores nas costas, e é tamanha a variedade de males e desconfortos relacionados com a coluna vertebral, que me pareceu uma boa idéia colocá-la numa seção especial. O desalinhamento das vértebras e discos vertebrais pode causar irritação em certo feixes de nervos, o que termina afetando órgãos, estruturas e funções. Apresento inicialmente um gráfico mostrando as vértebras, as áreas do corpo enervadas pelos feixes ligados a cada uma delas e os efeitos que podem resultar de seu desalinhamento. Estude atentamente estas informações e depois compare-as com a lista de equivalentes mentais que vem em seguida. Como sempre, use sua própria sabedoria e bom senso para determinar qual significado é o mais útil para você.

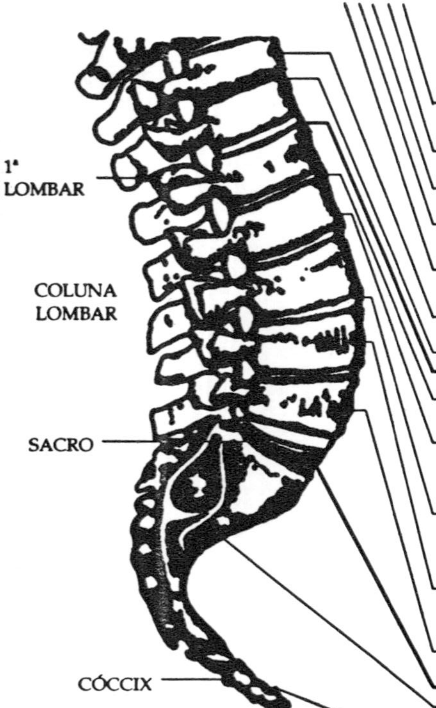

Vértebra	Áreas		Efeitos
6T	Estômago		Problemas estomacais, inclusive de fundo nervoso, indigestão, azia, dispepsia
7T	Pâncreas, duodeno		Icterícia, gastrite
8T	Baço		Queda de resistência
9T	Glândulas supra-renais		Alergias, erupções
10T	Rins		Problemas renais, endurecimento das artérias, fadiga crônica, nefrite, pielite
11T	Rins, ureteres		Problemas de pele como acne, eczema ou bolhas
12T	Intestino delgado, circulação linfática		Reumatismo, gases, certos tipos de esterilidade
1L	Intestino grosso, anéis inguinais		Prisão de ventre, colite, diarréia, certas rupturas ou hérnias
2L	Apêndice, abdômen, parte superior da perna		Câibras, dificuldade de respirar, acidose, varizes
3L	Órgãos sexuais, útero, bexiga, joelhos	CINTURA	Problemas da bexiga, distúrbios menstruais como regras dolorosas ou irregulares, aborto, enurese noturna, impotência, problemas da menopausa, vários tipos de dores nos joelhos
4L	Próstata, músculos lombares inferiores, nervo ciático		Ciática, lumbago, muco freqüente ou doloroso, dores na parte baixa das costas
5L	Parte inferior das pernas, tornozelos, pés		Má circulação nas pernas, tornozelos fracos ou inchados, pé chato, pés frios, câibras e fraqueza nas pernas
SACRO	Osso do quadril, nádegas	PELVE	Dores nessa região, desvios na espinha
CÓCCIX	Reto, ânus		Hemorróidas, coceira anal, dor no final da espinha ao sentar

O desalinhamento das vértebras e discos pode causar irritação no sistema nervoso e afetar as estruturas, órgãos e funções, resultando possivelmente nos efeitos mostrados acima.

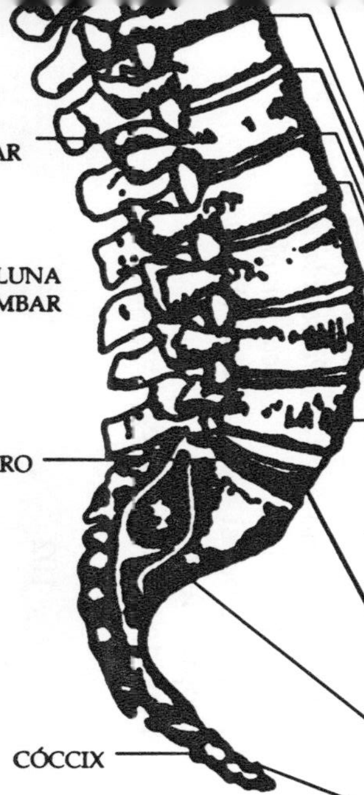

Vértebra	Áreas		Efeitos
6T	Estômago		Problemas estomacais, inclusive de fundo nervoso, indigestão, azia, dispepsia
7T	Pâncreas, duodeno		Icterícia, gastrite
8T	Baço		Queda de resistência
9T	Glândulas supra-renais		Alergias, erupções
10T	Rins		Problemas renais, endurecimento das artérias, fadiga crônica, nefrite, pielite
11T	Rins, ureteres		Problemas de pele como acne, eczema ou bolhas
12T	Intestino delgado, circulação linfática		Reumatismo, gases, certos tipos de esterilidade
1L	Intestino grosso, anéis inguinais		Prisão de ventre, colite, diarréia, certas rupturas ou hérnias
2L	Apêndice, abdômen, parte superior da perna		Cãibras, dificuldade de respirar, acidose, varizes
3L	Órgãos sexuais, útero, bexiga, joelhos	CINTURA	Problemas da bexiga, distúrbios menstruais como regras dolorosas ou irregulares, aborto, enurese noturna, impotência, problemas da menopausa, vários tipos de dores nos joelhos
4L	Próstata, músculos lombares inferiores, nervo ciático		Ciática, lumbago, muco freqüente ou doloroso, dores na parte baixa das costas
5L	Parte inferior das pernas, tornozelos, pés		Má circulação nas pernas, tornozelos fracos ou inchados, pé chato, pés frios, cãibras e fraqueza nas pernas
SACRO	Osso do quadril, nádegas	PELVE	Dores nessa região, desvios na espinha
CÓCCIX	Reto, ânus		Hemorróidas, coceira anal, dor no final da espinha ao sentar

O desalinhamento das vértebras e discos pode causar irritação no sistema nervoso e afetar as estruturas, órgãos e funções, resultando possivelmente nos efeitos mostrados acima.

DESALINHAMENTO DA COLUNA VERTEBRAL

Vértebra	Causa Provável	Novo Padrão de Pensamento
Coluna Cervical		
1-C	Medo, confusão, fugindo da vida. Sente que não é bom o bastante. Preocupa-se com coisas como: "O que os vizinhos vão dizer?" Dúvidas intermináveis.	*Sou calmo e equilibrado. O Universo gosta de mim. Confio no meu Eu Superior. Tudo está bem.*
2-C	Rejeição da própria sabedoria. Recusa em saber ou compreender. Indecisão, ressentimento, culpa. Está em desequilíbrio com a vida. Negação da própria espiritualidade.	*Estou em sintonia com o Universo e a vida. É seguro conhecer, saber e crescer.*
3-C	Está aceitando a culpa por falhas alheias. Remorso. Tendência a colocar-se como mártir. Indecisão. Desprezo por si próprio. Tenta fazer mais do que consegue.	*Sou responsável apenas por mim mesmo e alegro-me por ser quem sou. Posso lidar com todas minhas experiências.*

Vértebra	Causa Provável	Novo Padrão de Pensamento
4-C	Culpa. Raiva reprimida. Amargura. Emoções represadas. Lágrimas contidas.	*Sou claro em minha comunicação com a vida. Sou livre para Gozar a vida agora mesmo.*
5-C	Medo do ridículo e da humilhação. Medo de se expressar. Rejeita o próprio bem. Sobrecarregado.	*Minha comunicação é clara. Aceito o que é bom para mim. Liberto-me de todas as expectativas. Sou amado e protegido.*
6-C	Grandes fardos na vida. Sobrecarga. Tenta dominar os outros. Resistência. Inflexibilidade.	*Com amor liberto os outros para que eles aprendam suas próprias lições. Sou amoroso comigo. Conduzo minha vida com facilidade.*
7-C	Confusão, raiva. Sente-se indefeso. Não consegue se abrir para o mundo.	*Tenho o direito de ser eu mesmo. Perdôo o passado. Sei quem sou. Toco os outros com amor.*
Coluna Torácica		
1-T	Medo da vida. Assoberbado. Não consegue dar conta. Está se retirando da vida.	*Aceito a vida e lido facilmente com ela. Agora todo o bem me pertence.*

Problema	Causa Provável	Novo Padrão de Pensamento
2-T	Medo, mágoa, sofrimento. Não quer sentir. Está fechando o coração.	*Meu coração perdoa e liberta. É seguro me amar. A paz interior é minha meta.*
3-T	Caos interior. Mágoas antigas e profundas. Incapacidade de se comunicar.	*Perdôo a todos. Também me perdôo e me alimento com pensamentos positivos.*
4-T	Amargura. Necessidade de fazer os outros se sentirem mal. Condenação.	*Dou-me a bênção do perdão e agora somos todos livres.*
5-T	Recusa-se a analisar suas emoções. Emoções represadas. Fúria.	*Deixo a vida fluir através de mim. Estou disposto a viver bem. Tudo está em ordem comigo.*
6-T	Raiva da vida. Cheio de emoções negativas. Medo do futuro. Preocupação constante.	*Confio na vida, sabendo que ela vai se desenrolando positivamente diante de mim. É seguro me amar.*

Vértebra	Causa Provável	Novo Padrão de Pensamento
7-T	Está armazenando sofrimento. Recusa-se a gozar a vida.	*Deixo todo o sofrimento sair de mim. Permito que a doçura faça parte de minha vida.*
8-T	Obcecado pelo fracasso. Resiste ao próprio bem.	*Estou aberto e receptivo ao bem. O Universo me ama e me ampara.*
9-T	Sentindo-se abandonado pela vida. Culpa os outros. Uma vítima.	*Retomo o meu próprio poder. Amorosamente crio minha própria realidade.*
10-T	Recusa-se a assumir a responsabilidade pela própria vida. Necessidade de se fazer de vítima. "Foi tudo culpa sua."	*Estou aberto à alegria e ao amor, que dou e recebo livremente.*
11-T	Pouco amor próprio. Medo de relacionamentos.	*Vejo-me como belo, admirado e digno de amor. Sinto orgulho de ser eu mesmo.*
12-T	Crê que não tem o direito de viver bem. Inseguro e temeroso do amor. Incapacidade de lidar com as emoções.	*Quero que a alegria preencha minha vida. Estou disposto a me desenvolver espiritualmente.*

Problema	Causa Provável	Novo Padrão de Pensamento
Coluna Lombar		
1-L	Clama por amor, mas ao mesmo tempo sente necessidade de ficar sozinho. Insegurança.	*Estou seguro no Universo e a Vida me ama e me ampara.*
2-L	Preso aos sofrimentos da infância. Não vê saída.	*Evoluo para além de meus pais e vivo por mim mesmo. Agora chegou minha vez.*
3-L	Abuso sexual. Culpa. Ódio por si mesmo.	*Liberto de mim o passado. Tenho carinho por mim mesmo e pela minha bela sexualidade, estou em segurança. Sou amado.*
4-L	Rejeição da sexualidade. Insegurança financeira. Medos relacionados com a carreira. Sente-se impotente.	*Amo ser quem sou. Estou alicerçado em meu próprio poder. Sou seguro em todos os níveis da vida.*
5-L	Insegurança. Dificuldade de se comunicar. Raiva. Incapaz de aceitar o prazer.	*Mereço gozar a vida. Peço o que desejo e aceito o que recebo com alegria e prazer.*

Vértebra	**Causa Provável**	**Novo Padrão de Pensamento**
Sacro	Perda do poder. Raiva antiga e persistente.	*Exerço o poder e a autoridade sobre minha vida. Liberto o passado e agora reivindico meu próprio bem.*
Cóccix	Desequilíbrio interno. Agarra-se a velhas mágoas. Culpa si mesmo. Preso a um antigo sofrimento.	*Equilibro minha vida amando a mim mesmo. Vivo o presente e amo quem sou.*

OUTROS COMENTÁRIOS

Aprendi que crianças, e animais também, porque são igualmente abertos a tudo, podem ser muito influenciados pela consciência dos adultos que os cercam. Portanto, quando você estiver trabalhando em favor de uma criança, faça as afirmações necessárias para ela e também para limpar a consciência do pai, professor, parente etc., que a cercam e influenciam. O mesmo vale para bichinhos de estimação.

Lembre-se: a palavra *metafísico* significa ir além da causa física para procurar a causa mental que está por trás dela. Por exemplo, se vier se consultar comigo devido a um problema de prisão de ventre, eu saberei que você tem algum tipo de crença na limitação e carência, e por isso está mentalmente assustado, evitando soltar qualquer coisa dentro de si por medo de não poder substituí-la. A condição pode significar também que você está se agarrando a uma antiga e dolorida lembrança do passado e não consegue se livrar dela. É possível ainda que você receie desfazer um relacionamento que não o satisfaz mais, deixar um emprego que não lhe agrada ou se separar de objetos que não têm mais serventia. Talvez você até seja avarento. Veja como sua queixa é capaz de me dar muitas pistas para descobrir qual é a atitude mental por trás dela.

Tentarei então fazê-lo compreender que um punho fechado e uma atitude de contração não permitem a entrada de algo novo. Procurarei ajudá-lo a desenvolver uma maior confiança no Universo (o poder que nos dá o sopro da vida), acreditando que ele lhe dará o que precisa para poder fluir com os ritmos da vida. Eu o auxiliarei a libertar-se dos padrões de medo e o ensinarei a criar um novo ciclo de boas experiências usando a mente de modo diferente. Talvez eu lhe peça para voltar à sua casa e limpar seus armários, dando para alguém todas as coisas inúteis de modo a dar espaço para coisas novas. Pedirei que, enquanto faz isso, vá dizendo em voz alta: "Estou me livrando do velho e abrindo espaço para o novo." É simples, mas muito eficaz. E assim, enquanto você vai começando a aprender o princípio do libertar e soltar, a prisão de ventre, que é uma forma de se contrair e agarrar, cuidará de si mesma. Seu organismo libertará com facilidade e de maneira normal o que já não lhe é mais útil.

É possível que você venha a notar que uso constantemente os conceitos de AMOR, PAZ, ALEGRIA e AUTO-APROVAÇÃO. Quando conseguimos sinceramente viver a partir do espaço do amor que temos no coração, gostando de nós mesmos e tendo certeza de que o Divino Poder cuidará de nós, então a paz e a alegria encherão nossa vida e as enfermidades e experiências desagradáveis não encontrarão mais lugar. Nossa meta é termos uma vida feliz, saudável, em que encontramos prazer em nossa própria companhia. O amor dissolve a raiva, o amor desfaz o ressentimento, o amor dissipa o medo, o amor cria segurança. Quando você for capaz de viver a partir de um espaço onde é total o amor que sente por si mesmo, tudo em sua vida fluirá com facilidade, harmonia, saúde, prosperidade e alegria.

Quando tiver um problema físico, use este livro da seguinte maneira:

1. Procure a causa mental. Veja se ela vale para você. Se achar que não, sente-se, feche os olhos, tranqüilize sua mente e pergunte-se: "Quais seriam os pensamentos que criaram isto?" Encontrada a provável causa mental, vá em frente.
2. Repita várias vezes (em voz alta, se for possível): "Estou disposto a libertar de minha consciência o padrão de pensamento que criou este estado."
3. Repita várias vezes o novo padrão de pensamento.
4. Imagine que você está em processo de cura e em seguida procure se visualizar em perfeita saúde.

Sempre que pensar em sua doença, repita os quatro passos.

A meditação que se segue será muito útil para promover seu bem-estar, porque lida diariamente, ela cria uma consciência saudável e, conseqüentemente, um corpo saudável.

O TRATAMENTO DE AMOR

BEM NO CENTRO DE MEU SER existe uma fonte infinita de amor. Eu agora permito que esse amor flua para a superfície. Ele enche meu coração, meu corpo, minha mente, minha consciência, todo o meu ser, e irradia de mim em todas as direções, voltando para mim multiplicado. Quanto mais amor eu uso e dou, mais tenho para dar, porque a fonte é inesgotável. O exercício do amor me faz SENTIR BEM, o que é uma expressão de minha alegria interior. Eu me amo. Portanto, cuido amorosamente de meu corpo. Carinhosamente eu o alimento com comidas e bebidas saudáveis, carinhosamente eu o arrumo e visto, e meu corpo carinhosamente me responde com vibrante saúde e energia. Eu me amo. Portanto, dou a mim mesmo um lar confortável, que atende a todas minhas necessidades e onde moro com prazer. Encho os cômodos com a vibração do amor, e assim, todos que nele entram, eu inclusive, sentem esse amor e são nutridos por ele.

Eu me amo. Portanto, tenho uma atividade profissional que executo com verdadeiro prazer, em que uso meus talentos e habilidades criativas e entro em contato com pessoas que amo e que também me amam, obtendo uma renda mais do que satisfatória. Eu me amo. Portanto, comporto-me amorosamente e com amor penso nos outros, porque sei que, aquilo que dou, volta para mim multiplicado. Atraio para meu mundo apenas pessoas amorosas, pois elas são um reflexo de mim. Eu me amo. Portanto vivo totalmente no presente, gozando cada minuto e sabendo que meu futuro é alegre, brilhante e seguro, pois sou um filho amado do universo que amorosamente cuida de mim agora e para sempre. E assim é.

SOBRE A AUTORA

Louise L. Hay, autora do *best seller Você Pode Curar Sua Vida,* é uma conselheira, instrutora e palestrante de renome internacional. Tem enorme experiência e informações precisas sobre os padrões mentais que criam doenças físicas, e ela mesma conseguiu curar-se de câncer. Em seus freqüentes seminários, programas de treinamento e *workshops*, a dra. Hay ensina medidas práticas para dissolver tanto os medos quanto as causas das enfermidades. Ela dedica sua vida a ajudar os outros na descoberta e uso do pleno potencial de seus próprios poderes criativos. No Brasil, teve seus livros traduzidos com exclusividade pelo Círculo do Livro e pela Editora Best Seller, que já publicou: *Você Pode Curar Sua Vida, Ame-se e Cure Sua Vida, Pensamentos do Coração, O Poder Dentro de Você, A Vida em Perigo, Eu Amo Meu Corpo.*